CHARLES-LOUIS PHILIPPE

CONTES DU MATIN

nrf

ÉDITIONS DE LA
NOUVELLE REVUE FRANÇAISE
35 ET 37, RUE MADAME
PARIS

CONTES DU MATIN

ÉDITIONS DE LA NOUVELLE REVUE FRANÇAISE

DES

ŒUVRES DE CHARLES-LOUIS PHILIPPE

LA MÈRE ET L'ENFANT, édition conforme à la première édition de l'auteur . .	1911	1 vol.
LA MÈRE ET L'ENFANT, édition conforme au premier manuscrit	1911	1 vol.
LETTRES DE JEUNESSE	1911	1 vol.
CHARLES BLANCHARD, préface de *LÉON-PAUL FARGUE*	1912	1 vol.
CONTES DU MATIN	1916	1 vol.

POUR PARAITRE :

LA BONNE MADELEINE ET LA PAUVRE MARIE, QUATRE HISTOIRES DE PAUVRE AMOUR . .	1 vol.
FAITS DIVERS ET CHRONIQUES	2 vol.

CHARLES-LOUIS PHILIPPE

CONTES DU MATIN

nrf

ÉDITIONS DE LA
NOUVELLE REVUE FRANÇAISE
35 & 37, RUE MADAME
PARIS
1916

IL A ÉTÉ TIRÉ A PART, RÉIMPOSÉ SUR PAPIER
PUR FIL DES PAPETERIES LAFUMA DE VOIRON
AU FILIGRANE DE LA NOUVELLE REVUE FRANÇAISE
SIX EXEMPLAIRES HORS COMMERCE NUMÉROTÉS DE 1 A 6
CINQUANTE EXEMPLAIRES NUMÉROTÉS DE 1 A 50

EXEMPLAIRE N° 17

LA JAMBE DE TIENNETTE

Ce fut évidemment pour éviter une plus mauvaise interprétation de ses actes que, ce soir-là, lorsqu'il rentra, Lebaupin dit à sa femme :

— Ecoute donc ! Je viens de chez le Tienne. Sa femme était toute seule. On parlait de souliers et de chevilles. Elle m'a montré la sienne. Ma foi, j'étais en train de la toucher quand le Tienne est arrivé. J'ai vu qu'il faisait une drôle de tête. Je suis parti.

Lorsque Marie-Louise, la fille de Lebaupin et de sa femme, eut entendu ces mots, il lui sembla que la pièce dans laquelle ils avaient été prononcés était soudain devenue toute petite et ne suffisait plus à la contenir. Elle ouvrit la porte et grimpa bien vite l'escalier pour chercher de l'espace. Bien qu'elle fût une jeune fille, elle fit en montant autant de bruit qu'en eussent fait quatre hommes portant un fardeau. Son frère, ce soir-là, ayant mal à la tête, s'était couché plus tôt que d'ordinaire. Elle ne put respecter ni son malaise ni son sommeil. Elle prit à peine le temps de pénétrer dans sa chambre pour poser là ce qu'elle avait à lui dire :

— Ecoute donc, Jean. Mon père était chez la Tiennette. Il a voulu lui toucher la jambe. Le Tienne est arrivé à ce moment-là. Il s'est bien mis en colère et a mis mon père à la porte.

Jean ne fut pas long à s'éveiller et à avoir la tête guérie. Comme il avait vingt ans, il comprit tout, avant même d'être sur son séant.

Dans la chambre d'en bas, Baptiste, son père, et Catherine, sa mère, que Marie-Louise venait de délaisser, en présence d'un tel événement, se sentirent bien seuls et éprouvèrent un besoin immédiat d'être auprès de leurs enfants pour se rendre compte de l'importance qu'il allait prendre dans la famille.

Catherine n'arrivait pas à se rendre compte de ce qui s'était passé. On entendit Baptiste qui, dans l'escalier, lui donnait des détails complémentaires. Elle finit néanmoins par comprendre, et, quand elle fut arrivée auprès de son fils, elle put lui dire :

— C'est bien vrai, mon Jean !

Baptiste allait comme ça, tous les soirs après la soupe, chez le Tienne et la Tiennette. On se demande ce qu'il y allait faire. Le Tienne était tisserand. Depuis qu'on fabrique les draps dans les filatures, il n'y a plus beaucoup de tisserands dans nos pays, et ceux qui restent ne sont pas bien malins. Il savait à peine causer. Il avait une bande de petits. Il était logé à l'étroit. Sa femme n'avait pas d'ordre. Elle bégayait. Catherine dit, avant toute chose :

— D'abord, tu n'avais pas besoin d'aller tous les soirs chez ce monde.

Mais Jean et Marie-Louise ne lâchèrent pas d'un cran la question principale et, dès que leur père fut auprès d'eux, ils lui dirent au plus vite, pour prendre la chose en riant :

— Dis donc, mon père, est-ce qu'elle a la cheville bien faite, la Tiennette ?

Baptiste, tout heureux de la tournure que semblait prendre la chose, répondit aussitôt :

— Ma foi, j'aurais cru qu'elle avait la cheville plus fine.

Mais Catherine, qui avait l'esprit lent, ne le suivit pas aussi vite qu'il l'eût désiré.

— Mais enfin, dit-elle, tu avais bien besoin de toucher la cheville de cette femme ! De quoi ça aurait-il l'air si le Tienne venait ici et qu'il se mette tout de suite à me toucher la jambe ?

— Mais, ma pauvre femme... répondit Baptiste, qui allait commencer de longues explications.

Il n'eut pas le temps d'en dire davantage. Jean et Marie-Louise l'interrompirent.

— Est-ce qu'elle avait l'air contente quand tu lui touchais la jambe ?

— Ma foi, contente ou pas contente, elle n'a rien dit.

Catherine finit par les rejoindre et s'écria :

— Dame, pauvre femme, elle n'a pas osé, mais ça ne devait pas trop lui faire plaisir.

La chose, du reste, ne se passa pas si bien qu'on l'eût pu croire. Dès que Catherine se fut entièrement pénétrée des détails de l'aventure et qu'elle put l'envisager dans son ensemble, elle ne s'attarda pas dans des sentiments inutiles. Elle dit tout juste :

— C'est qu'il aurait bien mieux valu que le Tienne n'arrive pas à ce moment-là !

Puis elle regagna le terrain qu'elle avait perdu

lorsqu'elle s'était attardée à comprendre. Elle le savait depuis longtemps : ni son mari ni ses enfants ne voyaient plus loin que le bout de leur nez. Elle aperçut immédiatement les conséquences de cette sotte histoire que Baptiste venait de lui raconter. Il comptait toujours sur elle, d'ailleurs, lorsqu'il avait fait des bêtises, pour les réparer. Elle dit :

— En un mot, nous voilà fâchés avec le Tienne et la Tiennette. C'est toujours sur moi que ça tombe. Il faudra donc à présent, quand je passerai devant chez eux, que je tourne la tête de l'autre côté et que je fasse semblant de ne pas les voir. C'est qu'elle était bien aimable avec moi, cette femme.

Il avait dû se passer plus de choses que Baptiste n'en osait avouer. Il répondit :

— Ah ! ma foi, je ne sais pas.

Jean et Marie-Louise, qui commençaient à ressentir une certaine inquiétude, firent une tentative :

— Mais non, maman. Au contraire, ça vaut bien mieux. Moi, j'ai idée que les petits de la Tiennette sont nos petits frères et nos petites sœurs. Nous allons tous être parents du côté de mon père. La Tiennette nous aimera davantage.

Catherine ne rit pas du tout. Elle écarta la plaisanterie. Elle dit :

— Tout ça, c'est des bêtises !

Et elle reprit le fil de ses idées. On fut obligé de se taire pour l'entendre.

— J'étais donc bien heureuse sans le savoir. Quand je passais dans la rue, tout le monde me disait un mot. De la place de la Croix-Blanche à la place du Marché, j'étais chez nous. De quoi je vais avoir l'air ! Je ne veux pas du tout, quand je sortirai, être là à baisser la tête et à sentir que tout le monde est en colère contre moi. On croirait bien que j'ai fait un mauvais coup.

Le silence qui s'établit ensuite ne dura pas longtemps. On vit une fois de plus reparaître en Catherine les qualités que dans son intérieur chacun lui reconnaissait, de bonne ménagère. On ne peut pas se passer des bonnes ménagères. Qui est-ce qui range et qui entretient tout en général dans une maison? Elles réparent même des désordres auxquels personne ne prendrait garde si elles n'étaient pas là. Les qualités des bonnes ménagères s'étendent même en dehors de leur intérieur. On s'en aperçut avec Catherine. Ce fut comme si elle voulait poursuivre dans ce qu'on pourrait nommer la vie sociale ses travaux de mise en ordre et de nettoiement. Elle dit :

— Moi, je ne veux pas du tout rester comme ça. Je vais aller voir le Tienne. Je vais aller lui expliquer ce qui s'est passé. Les hommes, ça ne se rend pas compte. Des fois, il n'aura peut-être pas compris. Ce n'est pas parce que tu as touché la jambe de sa femme qu'il faut que je sois fâchée avec lui.

Elle voulait partir tout de suite. Il fallut que Baptiste se mît en travers de la porte et lui dît :

— Mais n'y vas pas. Je te dis qu'il est bien en colère.

Il fallut que les enfants en vinssent à ajouter :

— Penses-y, maman. Le Tienne ne voudra même pas t'entendre.

Elle eut beaucoup de mal à se calmer. Elle ne se calma que lorsqu'elle eut dit :

— Enfin, demain j'en aurai le cœur net.

Le lendemain c'était jour de marché. Ce ne fut pas un beau jour. Avant même que Catherine eût mis les pieds dans la rue, on pensait déjà : Elle va bientôt sortir ! Elle sortit à dix heures, en effet, pour aller sur la place chercher son beurre, des fruits et des légumes. Ça y était ! Personne n'avait osé lui parler de rien. Elle n'avait pas dit un mot non plus, parce que c'est lorsque les femmes ont quelque chose dans la tête qu'elles gardent le silence. Enfin, un instant après qu'elle eut fermé la porte, Baptiste dit à ses enfants :

— C'est que je suis seulement bien ennuyé.

Ils n'eurent même pas la force de plaisanter. Les enfants disaient :

— Mon père, tu n'aurais pas dû lui raconter ça.

Il répondait :

— C'est que j'aimais bien mieux qu'elle l'apprenne par moi que par un autre qui n'y aurait pas mis les mêmes formes.

Enfin, à force de l'attendre, elle revint. Elle ouvrit la porte toute grande et ne la referma même pas. Sa face était large. Elle parla très fort. Elle dit :

— Tant mieux ! Ce n'était pas ce que je craignais. J'ai rencontré la Tiennette au marché avec ses deux petites. Pauvre femme, elle n'a eu l'air de rien. On a causé. Elle venait d'acheter des poires. Les miennes étaient plus belles que les siennes. J'en ai donné une à sa plus grande, et l'autre, comme je ne sais pas si elle lui fait manger des fruits, je lui ai donné un sou.

Elle avait même rencontré le Tienne devant sa

porte, en remontant. Il ne voulait bien pas la regarder, mais, ma foi, elle l'avait salué la première. Il avait répondu. Il avait dit :

— Bonjour, madame Lebaupin !

LE CHAT DANS LE BEURRE

Non seulement, Boyaud, le boucher, était grand, mais encore il était gros. Il occupait de la place dans la ville. On l'eût vu de loin, rien qu'à cause de son volume, mais il y avait aussi sa couleur. Il était rouge. Ses cheveux étaient rouges, tout simplement comme ceux des personnes rousses, mais ses joues n'avaient de semblable que le feu. Lorsqu'il passait près d'une grange, on lui criait :

— N'approche pas. Il y a de la paille.

Il fallait que la vie fût comme lui, énorme, rouge et joyeuse, pour qu'il pût s'en accommoder. Il n'aimait pas la viande blanche des veaux. Il mangeait de la viande de bœuf, il en mangeait beaucoup. Il eût voulu manger quelque chose qui fût plus de la viande que la viande elle-même, et cela, le manger cru. Il n'aimait pas le vin léger, il buvait un vin épais qu'à grands pleins verres il versait en lui comme du sang. Quand il en avait fini avec le vin, il se mettait à l'eau-de-vie pour se réchauffer l'intérieur. L'eau-de-vie seule était à sa température.

Assurément, ce fut la femme de Regrain qui eut le premier tort. Boyaud était allé chez Regrain chercher un veau qu'il avait acheté un jour au cours de ses voyages. Lorsqu'il arriva, la femme de Regrain était seule à la maison, en train de battre son beurre dans la baratte. Elle dit :

— Regrain travaille dans son champ. Attendez-moi, je vais aller le chercher.

Elle partit, laissant Boyaud tout seul dans la chambre. Elle commit une faute. Boyaud n'aimait pas être seul. Si encore elle lui eût donné à boire, il eût bu pour occuper le temps. S'il y avait eu un enfant, il l'eût posé tout en haut de l'armoire. Il ne pouvait tout de même pas s'asseoir et croiser les jambes l'une par-dessus l'autre. Que faire? Il n'y avait dans la chambre qu'une mère chatte avec son petit chat. Comme Boyaud les regardait sans leur prêter trop d'attention, il vit aussi la baratte, et il lui vint une idée.

Il s'empara du petit chat, souleva le couvercle

de la baratte et colla la bête là-dedans. Ce ne fut qu'ensuite qu'il put prendre patience et attendre la femme de Regrain.

Elle revint avec son homme. Boyaud s'occupa de ses affaires. On détacha le veau, on le chargea dans la voiture, on en reçut le prix. La femme de Regrain, comme cela se pratique d'ordinaire, dit :

— Ça fait de la peine tout de même de les donner au boucher.

L'homme répondit :

— Que veux-tu ! les bêtes sont faites pour être mangées !

La femme reprit son travail, puisque c'est ainsi la vie. Elle battit son beurre, elle le battit bien. Elle avait la réputation de faire le meilleur beurre du pays. Elle oublia le veau. C'était embêtant tout de même qu'elle se fût dérangée. On ne devrait jamais se déranger quand on bat du beurre : le sien était déjà pris. Elle s'en étonnait même.

— Il n'y a pourtant pas eu d'orage ! C'est comme si ma crème avait tourné !

Elle appuya tant qu'elle put pour la réduire : vraiment, son beurre était aussi dur que du fromage. Elle se mit en colère, elle l'écrasa, elle lui dit des paroles comme à quelqu'un qui vous tient tête :

— Bête enragée, je te réussirai!

Regrain fut obligé de lui dire :

— Au lieu de te disputer comme ça, regarde donc plutôt s'il n'y a pas quelque chose dans ta baratte.

C'était bien vrai. Elle souleva le couvercle, elle regarda avec attention. Ce qu'elle voyait était trop drôle pour qu'elle ne réfléchît pas avant d'en parler. Elle convia même son mari à venir regarder.

— Viens voir, on dirait qu'il y a quelque chose de tout noir!

On n'aime pas mettre les mains dans le beurre, parce que ça n'est pas propre pour les personnes qui l'achètent. Regrain dit :

— Des fois, il ne serait pas tombé des crasses dans ta crème.

On n'est jamais sûr, malgré que l'on soit propre. Elle répondit :

— Je ne crois pas!

— Enfin, il n'y a qu'une chose à faire. Relève ta manche et touche ce que c'est.

Elle poussa trois cris. Le premier fut un cri de peur; elle le poussa en saisissant une chose énorme et gluante qui était au fond de sa baratte. Le second cri, elle le poussa en soulevant cette chose, et le troisième cri, qui fut le plus aigu, elle le poussa au moment où elle sortit le petit chat au jour.

Du reste, l'un et l'autre, Regrain et sa femme, virent tout de suite de quoi il s'agissait. C'était Boyaud! Ils savaient bien que, avec lui, il fallait s'attendre à tout, mais jamais ils ne se seraient attendus à cela. Il s'était conduit comme un boucher.

Pauvre petite bête! Regrain en voulait même à sa femme. Il disait :

— Tu n'avais pas besoin de tant appuyer. Tu aurais dû te douter de ce que c'était.

Elle en aurait pleuré, tant à cause de son chat que de la dispute qui maintenant menaçait de naître. Il n'y avait pourtant pas de sa faute! Elle posa le petit chat dans le coin de la cheminée. Il était tout aplati. La mère chatte s'approcha. Elle léchait son enfant. Regrain était furieux et ne se mit-il pas dans la tête que la chatte léchait son petit, non pas parce que c'était son petit, mais parce qu'il était couvert de crème! Il la chassa à grands coups de pied.

Ensuite seulement on pensa au beurre.

Regrain émit l'avis, mon Dieu! que personne ne saurait rien, qu'elle n'avait qu'à continuer à battre son beurre et qu'elle le vendrait le jour du marché comme si le malheur n'était pas arrivé. Mais elle était fière, tenait à la réputation de ses produits, et, avant même d'avoir approfondi le sujet :

— Ça, jamais de la vie!

Regrain eut une autre idée : puisqu'elle ne voulait pas le vendre, eh bien! ils n'avaient qu'à s'en servir eux-mêmes. De cela, elle ne voulut pas entendre parler davantage.

Il eut beau dire .

— Enfin, il vaudrait mieux qu'on s'en serve que s'il était perdu!

Il y en avait bien quatre livres dans la baratte. De rage, Regrain se leva et s'en alla travailler dans son champ.

Le lendemain du jour où arriva cette sinistre aventure était jour de marché. La femme se rendit à la ville avec son panier. Elle savait que tous les matins, vers onze heures, Boyaud allait chez Monsel, l'aubergiste, pour prendre son vermout. Elle le guetta. Et lorsqu'il fut bien installé, en compagnie de tous les buveurs, elle se rendit à la boucherie où Mme Boyaud était toute seule. Elle lui donna ses explications :

— Voilà! Votre mari m'a dit que vous vouliez

saler du beurre et m'a chargée de vous en apporter quatre livres.

— Tiens, en effet, il est allé chez vous hier! répondit la bouchère.

Pauvre femme! Pas de danger qu'il lui raconte ses vilains tours. Ça faisait même de la peine de se moquer d'elle! Elle paya le beurre. La femme de Regrain ne perdit pas la tête et le fit même payer un bon prix : trente sous la livre! Sur la place, il ne coûtait que vingt-six sous, mais, ma foi! le surplus payerait le chat!

Lorsque Boyaud, en revenant de l'auberge, apprit cette histoire, il eut de la chance de n'avoir pas déjeuné, car, alors, il eût pu être frappé d'un coup de sang. Il sortit dans la rue, nu-tête; tuer les Regrain n'aurait pas été suffisant. Il eût fallu, de plus, qu'il les mangeât! Brûler leur maison était une faible vengeance. Il eût voulu en abattre jusqu'aux murs et danser sur leurs débris jusqu'à ce qu'il les eût réduits en poudre. Il eût voulu retourner la terre du champ de Regrain, être atteint d'une affreuse maladie et la vomir dessus.

Il rentra chez lui pour aller chercher sa casquette. Il avait envie d'atteler son cheval à la voiture et de partir aussitôt pour aller se jeter à la rivière. Du beurre dans lequel était crevé un chat! Certes, aucune nourriture n'était faite pour effrayer Boyaud. Il eût mangé du bœuf faisandé, du veau malade, du cochon maigre, une vieille poule, du cochon d'Inde si on l'avait voulu. Il avait même une fois mangé du hérisson et une autre fois du corbeau. Il eût fait mitonner ça tout un jour dans du bouillon, au besoin. Mais un chat! Ce n'est pas, à vrai dire, que cet animal soit malpropre. Un jour, quand il était au régiment, pendant les grandes manœuvres, des soldats, comme lui, s'étaient emparés d'un chat, lui avaient enlevé la peau, l'avaient fait cuire et l'avaient mangé. Ce qui l'effrayait, c'était la pensée des poils. Ils étaient jaunes. Ils devaient être mouillés, quand on avait sorti la bête de la baratte. Les chats, quand on les plonge dans la crème, deviennent de la saleté. Il lui semblait que le beurre tout entier fût une sorte de liquide innommable, qu'il appelait du jus de chat. Il sentait qu'il allait être incapable de manger, sa vie durant.

Il tremblait. Il ne pouvait même plus marcher. Atteler sa voiture? A quoi bon! Il n'en eût peut-être pas eu la force. Il alla dans la chambre à coucher, parce que là il n'y avait personne. Il eût voulu mourir seul dans un coin, comme un chien Il s'assit. Il posa sa casquette, qui lui faisait mal.

LE CHAT DANS LE BEURRE

Pauvre Boyaud! Il mit sa tête entre ses deux mains, ferma les yeux pour ne plus rien voir et, entre ses gros doigts de boucher, il sentit couler de grosses larmes, les larmes du grand enfant qu'il était.

ROMÉO ET JULIETTE

Passier n'était pas, à vrai dire, entrepreneur de maçonnerie. Il employait deux ouvriers qui l'aidaient à construire ses bâtisses. Il ne faisait pas de grands travaux et était plutôt ce que l'on appelle un maître maçon. Buisson, lui, était marchand de bois. Sans se toucher, puisqu'elles étaient séparées par la maison et par l'écurie de M. Olivier, qui étaient des bâtiments importants, leurs maisons étaient pourtant voisines.

Il arriva ceci : Passier, qui avait besoin de bois, en acheta un stère à Buisson, lui ayant déclaré qu'il désirait du bois sec. Le bois que lui vendit Buisson était encore vert, et presque inutilisable. Buisson avait, du reste, cette réputation de n'être pas très consciencieux, mais, cette fois-ci, il fut inexcusable, parce qu'on ne se fait pas de sottises entre voisins. Passier n'adressa aucun reproche au marchand de bois. Il se contenta de dire à sa femme et à sa fille, qui allaient l'hiver veiller chez Buisson et l'été prendre le frais sur le banc devant sa porte :

— Je ne veux plus que vous mettiez les pieds chez lui.

Buisson et sa femme, lorsqu'ils s'aperçurent que Jeanne Passier et sa mère ne venaient plus les voir, furent vite consolés et dirent :

— Ma foi, on se passera bien d'elles.

Ce fut tout juste si Jean Buisson, leur fils, ne pensa pas la même chose. Il aimait pourtant beaucoup cette petite Jeanne. Elle avait seize ans, il en avait dix-sept. Il était fier, parce qu'il était familier avec une grande jeune fille et que ses camarades du même âge n'en auraient pas pu dire autant. Il était fier aussi, parce qu'elle s'appelait Jeanne et que lui s'appelait Jean. Et puis, les soirs d'été, quand ils étaient assis sur le banc l'un auprès de l'autre, ils se donnaient la main quand personne ne les voyait. Une fois, dans la chambre, Jeanne s'était mise auprès de lui devant la glace et lui avait fait remarquer qu'ils avaient l'un et l'autre à peu près la même taille. Les mères étaient là. Celle de Jean avait dit :

— Je crois bien, Jeanne, que tu as envie de te marier avec mon garçon.

Celle de Jeanne avait ri.

Ma foi, tant pis ! Ils étaient fâchés, à présent. Jean Buisson était un petit garçon très doux. Il n'allait jamais au café. Il ne parlait pas beaucoup. Il travaillait chez le notaire et gagnait 60 francs par mois. Jeanne Passier était une petite fille assez insignifiante. Elle travaillait avec les couturières. Elle n'avait pour elle qu'une chose : c'est qu'elle savait très bien chanter.

Le pauvre Jean Buisson ne s'aperçut de quelque chose que le jour où il croisa Jeanne Passier dans la rue. Il passa auprès d'elle, tourna la tête de l'autre côté, et ne la salua pas, au moment où il en était temps encore. Elle fit de même : ce n'est pas aux filles à dire bonjour les premières. Jean, tout de suite, aurait bien désiré que ce fût à recommencer. Ils ne se voulaient aucun mal ni l'un ni l'autre, et il pensa :

— Pauvre petite Jeanne, je ne l'ai même pas saluée !

Il attendit avec impatience la journée du lendemain. Il aida même le hasard. Il connaissait les heures de sortie de Jeanne et s'arrangea pour la rencontrer. Cette fois-ci, il savait ce qu'il avait à faire. Il lui dit : « Bonjour, Jeanne ! » Elle lui répondit : « Bonjour, Jean ! » Comme il n'y avait personne dans la rue, ils se retournèrent même pour s'adresser un sourire. Tous les jours, ils se guettaient pour se saluer. Ils se saluaient même quand il y avait du monde.

Un jour, il arriva à Jean une aventure. C'était un dimanche. Il se promenait tout seul dans la campagne. Il était dans un petit chemin où ne passait personne, lorsqu'il vit venir de son côté une jeune fille qui avait un corsage bleu, de la même couleur que celui de Jeanne. Il s'aperçut bien vite, d'ailleurs, que ce n'était pas elle, mais il fut surpris, regarda bien en face cette fille et la salua en l'honneur de l'autre. Il eût été capable de l'aimer, rien que parce qu'elle avait un corsage semblable à celui de Jeanne.

Cette aventure ne fut pas la dernière. Il en arriva à Jean, un soir d'été, une bien plus belle encore. Comme chaque jour, après dîner, il était allé faire un petit tour. Depuis un instant déjà, il entendait un pas derrière lui. Il se retourna, par simple curiosité. Il eut de la chance d'avoir regardé. La personne qui marchait derrière lui était Jeanne.

Elle était là aussi simplement que si elle eût dû y être. Elle le reconnut et ouvrit même la bouche pour parler. Elle dit :

— Oui, c'est moi. Je vais faire une commission pour mon père. Je vais dire à Vénuat, son ouvrier, que ce n'est pas la peine qu'il se dérange demain matin parce que mon père ne pourra pas aller au rendez-vous qu'il lui avait donné.

Jean parla aussitôt. Il dit :

— Je t'ai vue hier soir. Tu es allée chez l'épicier chercher du sucre. J'avais envie de t'attendre, mais je n'ai pas osé.

Elle répondit :

— Moi, je t'ai vu avant-hier. On apercevait ton ombre à travers les rideaux de l'étude. J'avais envie de cogner à la vitre, mais je n'ai pas osé non plus.

Jeanne Passier n'était pas pressée du reste; elle dépassa même, tout en bavardant, la maison de Vénuat. Elle n'aurait qu'à dire à sa mère, si celle-ci s'étonnait de la durée de son absence, que Vénuat n'était pas là et qu'elle avait attendu son retour. Il y avait longtemps qu'ils ne s'étaient pas donné la main. Ils rattrapèrent le temps perdu et Jean sentait que l'index de la main gauche de Jeanne était piqué comme les doigts des couturières. Le reste de la peau en semblait plus doux.

Ils marchèrent sur la route pendant un bon moment, mais Jeanne, bientôt, se rappela sa commission et exigea que l'on fît demi-tour. Jean l'attendit à une certaine distance pendant qu'elle alla chez Vénuat. Elle revint en disant :

— Ils étaient déjà couchés. J'ai crié ce que j'avais à lui dire à travers la porte.

Ils continuèrent alors à remonter dans la direction de leur maison, et, vraiment, Jeanne fût rentrée chez elle s'il n'avait pas fallu qu'ils se quittassent brusquement à l'entrée de la ville, de crainte d'être rencontrés par les passants. Jean dit :

— Encore un petit moment !

Il y avait un chemin à gauche, à travers les jardins. On l'appelait d'ailleurs le chemin des amoureux. Ils le prirent. Il était bien situé, en haut d'un coteau. On apercevait, de là, tout le pays : les champs, la rivière, les rochers qui la bordent, le bois de Rochefort, tout le ciel et la lune qui se levait dans un coin. Jean contemplait ce spectacle pour bien s'apercevoir qu'il aimait Jeanne plus que le ciel, que la lune, que les champs, que la rivière, les rochers et le bois de Rochefort. Elle finit par dire :

— Il faut que je rentre parce que maman serait inquiète.

Elle fût rentrée cette fois-ci encore si le rossignol ne s'était pas mis à chanter. Comme ils approchaient d'un groupe d'arbres, on entendit une note. Avant même qu'il ait commencé sa chanson, dès qu'il ouvre le bec, dès la première note, le rossignol est déjà le rossignol. Ils s'arrêtèrent. Jean lâcha la main de Jeanne et fit un geste dans la direction de sa bouche pour qu'elle suspendît même sa respiration. Ce ne fut que lorsque l'oiseau eut tout dit que Jean parla.

— On dit que c'est l'amour qui les fait chanter.

Elle se tut et pendant un instant dut consulter son cœur, car elle répondit :

— Ça doit être vrai.

Ils pensèrent à ces mots après les avoir prononcés. Ce ne fut qu'un peu plus tard que Jeanne put dire :

— Il est bien tard. Maintenant je n'ose plus rentrer.

Sans être sévère, sa mère était assez stricte. C'est ainsi, par exemple, qu'elle n'avait jamais voulu que sa fille allât au bal. Jeanne abandonna toutes ses pensées pour se dire que sûrement elle serait battue par sa mère. Quelle heure pouvait-il bien être? Ils entendirent au clocher de l'église sonner onze heures. Le rossignol chante plus longtemps qu'on ne le croit.

Ils essayèrent bien de revenir sur leurs pas et de voir s'il était temps encore de revenir à la maison, mais comme ils approchaient de la route qui menait à la maison de Vénuat, ils entendirent un bruit de pas avec un bruit de voix. Ils eurent l'un et l'autre la même idée. Ça devait être la mère de Jeanne qui, se demandant enfin ce qu'était devenue sa fille, descendait chez Vénuat pour voir si elle n'était pas restée veiller. Elle était sans doute en colère. Jeanne dit :

— Je t'attends ici. Marche doucement et va voir qui c'est.

Jean se cacha derrière une haie et, malgré la nuit, reconnut la mère de Jeanne.

Comment faire? Jean disait :

— Si j'avais un an de plus, j'aurais dit que je veux me marier avec toi. Mais je n'ai que dix-sept ans.

Pendant toute la nuit, ils ne surent comment faire. Et puis ils étaient si bien l'un auprès de l'autre! Ils avaient fini par n'éprouver aucune gêne. Ils s'embrassaient. Ils s'embrassaient partout : sur la joue, sur les yeux, sur le front, sur les cheveux. Ils n'osèrent pas pourtant s'embrasser sur la bouche, parce que c'est très mal. Ils pleuraient un peu, aussi.

Il pouvait bien être une heure du matin, quand Jeanne dit :

— Veux-tu qu'on ne se quitte jamais?

Ils ne se quittèrent pas, en effet. Vers deux heures, ils s'assirent sur le bord d'un fossé pour bien réfléchir à leur aise. A trois heures ils étaient encore assis. Ce ne fut qu'à quatre heures que Jeanne dit :

— Nous avons eu bien tort.

Un peu plus tard, le jour se leva et les premiers oiseaux, parmi lesquels certainement il y avait l'alouette, réveillèrent le matin. On entendait déjà rouler les voitures sur les routes. Au moment où ils s'y attendaient le moins, ils virent venir dans leur direction un paysan qui portait un outil sur l'épaule. Jean le reconnut : c'était le père Burlot. Ils se sauvèrent. Ils avaient attendu trop longtemps. Ils durent courir. La rivière coulait dans le bas. Jamais plus ils n'oseraient rentrer chez eux. Et puis ils étaient fatigués et ne savaient pas très bien ce qu'ils faisaient, parce qu'ils avaient passé une nuit blanche.

Il pouvait bien être cinq heures quand ils

entrèrent dans un pré que longeait la rivière. Il y avait un petit talus. Ils glissèrent doucement. Jean donnait la main à Jeanne pour qu'elle ne se fît pas trop de mal.

LES PETITS CHIENS

Si Roussel avait su, il eût accepté son sort. Certes, en temps d'orage, l'eau tombait chez lui, les carreaux de son logement étaient descellés, la cheminée était en si mauvais état que le poêle qu'il avait installé pour se passer d'elle fumait aussi. Bien entendu, c'est quand il pleuvait que les fenêtres ne fermaient pas. L'escalier n'était éclairé que jusqu'au troisième ; on courait le risque de se casser une jambe, de passer quarante jours à l'hôpital et de ne pas même pouvoir payer son terme. Les cabinets étaient dans un tel état qu'il avait dû acheter des sabots pour que sa femme et lui pussent y aller, et un seau pour les enfants qui, vraiment, y eussent couru de grands dangers. Roussel eut tort. La maison était vieille, il eût fallu l'abattre : on ne peut pas demander aux propriétaires d'abattre leurs maisons. Un jour, il s'était mis en colère :

— Je donne congé. Il y a d'autres propriétaires.

Il y avait, en effet, d'autres propriétaires. En tout cas, Roussel ne put jamais savoir comment l'on était chez eux. Il y eut toujours un premier point sur lequel ils ne s'entendirent pas avec sa bourgeoise lorsqu'elle alla visiter les logements à louer. Roussel avait cinq enfants. Il se trouva que, partout, s'il n'en avait eu que quatre, on eût déjà fait beaucoup d'observations. La bourgeoise à Roussel finit par dire :

— C'est ça, je repasserai après le choléra.

— Nom de Dieu ! dit un jour Roussel, tu n'as qu'à aller dans les grands quartiers et dire que tu as cinq chiens.

Maintenant, ils étaient étonnés, non pas de ne pas trouver de logement, mais d'avoir pu rester huit ans dans la même maison. Peut-être cela tenait-il simplement à une chose : c'est que, lorsqu'ils s'y étaient installés, ils venaient de se marier et n'avaient pas d'enfants. La femme dit :

— Me voilà donc obligée de les renier !

Elle fit ce que son homme lui avait recommandé. Elle quitta le fond de Montrouge et choisit, du côté du Lion de Belfort, une maison avec des balcons de pierre, dont la porte était dorée, et dans laquelle les fenêtres, pour sembler plus riches en vitres, étaient divisées en petits carreaux. Un médecin, un architecte et un dentiste l'habitaient. Elle fit comme eux et ne se gêna pas sous le rapport du luxe.

— J'ai cinq chiens, cinq petits chiens de riche, avec des paletots.

Et à une observation que, sur leur propreté, lui fit la concierge, elle répliqua :

— C'est une comtesse qui me les a donnés.

Le jour de l'emménagement fut un beau jour. Ils avaient bien fait de louer dans une belle maison. Il y avait un tapis jusqu'au cinquième, et, à cet endroit, on était si content d'habiter une maison avec un tapis qu'il n'avait pas été nécessaire que celui-ci montât plus haut ; aussi l'escalier était-il nu. Au sixième, ils eurent un logement de deux pièces. On gagne toujours à voisiner avec les riches. Pour le cas où ils se tromperaient d'étage, le propriétaire avait fait faire un sixième clair et propre. La vue en était belle ; il fallait bien que le sixième regardât devant lui comme les autres étages : le logement de Roussel donnait sur le cimetière Montparnasse.

Il y eut un moment désagréable : ce fut lorsqu'il s'agit de faire monter les enfants. On attendit la nuit. Ils restèrent tous les cinq au coin de la rue. On leur avait dit : « Vous êtes des petits chiens ! » La mère vint les chercher un à un et les emporta dans son tablier. Ils se ramassaient sur eux-mêmes pour occuper moins de place. Le cinquième, qui avait sept ans, était trop grand pour pouvoir tenir dans un tablier. La mère descendit un drap et l'enveloppa dedans. Il avait eu bien peur pendant qu'il avait attendu tout seul.

Le premier jour, on décida de rester tranquille. Avec un vieux pantalon de leur père, la mère avait fait des chaussons aux petits. Ils n'en avaient jamais porté, et comme on leur avait dit qu'avec des chaussons on fait peu de bruit, ils s'exercèrent à faire le moins de bruit possible. Ils étaient bien heureux d'être des petits chiens. Leur seul ennui était de ne pas avoir quatre pattes, du poil et de grandes oreilles.

— Ça vous poussera, si vous êtes bien sages, dit la mère.

Ils étaient impatients et se touchaient souvent la peau pour voir si la transformation commençait. Ils se réjouissaient particulièrement lorsqu'ils constataient que le bout de leur nez était déjà froid.

L'après-midi pourtant fut assez long. C'étaient des petits enfants qui avaient l'habitude d'aller à l'école. Ils savaient que l'on joue avec toutes sortes de camarades, tandis qu'avec ses frères et sœurs, on se dispute. Il y en avait toujours quatre qui gênaient le cinquième. La mère eut beaucoup de mal à maintenir la paix, et elle ne le fit qu'en disant :

— Le premier qui crie ne sera plus un chien !

Le second jour ne se passa pas trop mal. La mère inventa un autre jeu. Les petits, au réveil, étaient tristes et demandaient :

— Ça n'est pas vrai qu'on est des chiens, dis, maman ?

Elle leur répondit :

— Mais non, vous êtes des petits enfants, et si vous voulez voir quelque chose de beau, vous allez vous mettre à la fenêtre et regarder le cimetière.

Ils l'avaient déjà vu la veille, mais sans y prendre garde, parce que les chiens ne font pas attention aux beautés naturelles. C'est un bonheur qu'il y ait tant de morts au monde, car le cimetière était grand. Ils apprirent que le vrai ciel est beaucoup plus vaste que celui que l'on voit entre deux rangées de maisons. Ils avaient déjà remarqué cela plusieurs fois lorsqu'ils étaient allés se promener le dimanche au parc Montsouris, mais s'en fussent-ils souvenus, qu'ils eussent volontairement oublié leurs souvenirs pour trouver le cimetière encore plus beau. Et puis il contenait des oiseaux. Les oiseaux qu'ils avaient vus auparavant dans la cour de l'école étaient des oiseaux en maraude. Ils ne restaient pas longtemps, ils disparaissaient soudain. Où s'en vont les oiseaux quand ils partent? Ils rentrent chez eux. Mais où habitent donc les oiseaux? Ils apprirent que les oiseaux habitent le cimetière Montparnasse.

Ce ne fut que beaucoup plus tard qu'ils demandèrent ce que c'est qu'un cimetière. Leur pauvre mère ne se faisait pas à l'idée d'avoir dit que ses petits étaient des chiens.

— Un cimetière, répondit-elle, c'est là où l'on met les morts. Regardez sans crainte, mes petits. Il n'y a que les morts qui ne fassent pas de mal aux enfants.

Ils s'aperçurent qu'un cimetière contient des pierres blanches et des petites maisons. Ils eussent bien voulu demeurer dans l'une d'elles, mais, pour cela, il aurait fallu qu'ils fussent des morts. Ils en parlèrent à leur mère, qui dit :

— Cela vaudrait bien mieux, en effet. C'est la seule façon d'être tranquille en ce monde.

Ils avaient fini, du reste, par comprendre qu'ils n'étaient pas heureux, et, plus encore, par deviner qu'ils avaient été des chiens, puis avaient vécu auprès des morts simplement parce que les hommes sont méchants. Si bien que, vers le soir, il arriva à l'aînée, qui était une fille, une horrible aventure. La mère venait de décider que l'un des enfants pourrait, à condition de ne pas faire trop de bruit, mettre les pieds dans le couloir. Elle envoya l'aînée à la fontaine pour y chercher de l'eau. Elle lui dit :

— Si tu rencontres quelqu'un, reviens !

Elle revint, en effet, bien vite, toute pâle, le cœur battant, la bouche ouverte et pleine de mots si terribles qu'elle ne pouvait les sortir. Elle avait rencontré un homme. La langue lui sortait de la bouche et il sifflait comme un serpent. Il avait les yeux rouges et l'avait regardée pour la changer en pierre. Il avait quatorze dents de chaque côté de la lèvre et voulait la manger.

C'est sous cet aspect que, maintenant, les enfants Roussel voyaient les hommes.

Le troisième jour, rien ne put les distraire. On eût dit qu'ils savaient. Ils restèrent assis tous les cinq. Ils baissaient les yeux, regardaient leurs petites mains, leurs pieds, leurs jambes. Ils sentaient obscurément qu'ils n'avaient pas le droit de posséder un corps. Ils avaient honte de tout ce qu'ils apercevaient sur eux-mêmes et se rétrécissaient, se repliaient vers leur centre pour exister le moins possible, pour être tout au plus un petit point qui ne gênerait personne. Ils n'y arrivaient pas et pleuraient. Ils pleuraient en silence, et celui dont les larmes entraient dans la bouche les avalait sans se plaindre.

Roussel finit par ne plus se connaître. Il décida ceci, le soir après la soupe : ils allaient tous descendre, le père, la mère et les cinq enfants et faire dans l'escalier autant de bruit que sept personnes en peuvent faire. Ils arrivèrent près de la loge du concierge ; elle ressemblait à un bureau de commissaire de police. Ils se campèrent et, tous ensemble, se mirent à pousser ce cri :

— Vive la sociale !

Le concierge et sa femme sortirent en entendant cela. Le concierge avait l'air d'un soldat, car les riches sont tous officiers. Roussel n'attendit pas qu'ils fissent une observation. Il dit à ces deux personnes, bien qu'elles ne fussent que deux :

— Tas de larbins ! Vous ne risquez pas d'en avoir, ça déplairait à vos maîtres. Moi, au premier mot que vous dites, j'en fais encore trois de plus.

Le concierge était furieux et, dans un seul mot, traduisit son sentiment. Il dit :

— Cochon !

On ne sait pas si c'est parce qu'il avait prononcé ce mot imprudent et qu'il craignait d'être blâmé par le propriétaire, toujours est-il que Roussel ne fut jamais inquiété et qu'il décida — en payant son terme, bien entendu — de rester aussi dans la maison pendant huit ans.

DEUX APACHES

Ils venaient de lire le récit de la quadruple exécution. Certes, si Bébert et Loulou avaient été du côté des honnêtes gens, ils eussent, comme bien d'autres, pensé : J'aurais voulu les guillotiner moi-même. Mais ils appartenaient à l'autre parti, et ils pensaient :

— Vous croyez nous intimider par la mort. Nous vous montrerons que la mort ne nous fait pas peur.

Ils se sentaient bien peu de chose, l'un et l'autre, du reste, à côté de ceux que l'on venait de guillotiner. Bien qu'ils eussent vingt ans, ils n'avaient pas de casier judiciaire encore, et pour peu qu'un an se passât sans accroc, ils ne feraient même pas leur service militaire aux bataillons d'Afrique comme tous les hommes qu'ils admiraient.

Ils prenaient leur absinthe dans un bar. Loulou n'eut pas la patience d'attendre une minute de plus. Auprès d'eux, sur la table voisine, trois employés s'étaient fait servir des verres de vin rouge. Ce fut à ceux-là que Loulou montra qu'il n'avait pas peur. Il s'empara du verre de vin qui était le plus près de lui, et quoique cela dût lui gâter son absinthe, le vida d'un trait.

Il n'y eut pas de dispute, malheureusement. Les employés furent si surpris qu'ils croyaient que leurs yeux les trompaient. Lorsqu'ils prirent conscience des choses, Loulou s'était déjà essuyé la bouche avec sa main et ouvrait tranquillement la porte pour s'en aller. Bébert le suivait.

Ils faillirent, du reste, rentrer. Il s'éleva derrière eux un énorme éclat de rire. Mais, tout compte fait, ayant balancé pendant une seconde, ils estimèrent que c'était des types que l'on se moquait.

Ils arrivèrent sur le boulevard de Sébastopol. Il était huit heures. On voyait dans les rues la foule de huit heures du soir.

Un détail les amusa pendant un instant. Comme ils passaient devant un étalage de chaussures, leur regard s'y arrêta. Avec son tablier vert, sa tête nue et son époussetoir, le vendeur surveillait l'étalage. Ils profitèrent de sa présence. Loulou se campa en face de lui, et d'un hardi coup de pied, en plein dans les corbeilles, envoya bien une dizaine de paires de souliers se promener au milieu du trottoir. Le vendeur vit bien à qui il avait affaire. Il n'osa rien dire et ramassa ses chaussures en silence. Loulou lui colla en pleine figure ces mots :

— Moi, d'abord, un homme ne me fait pas peur !

Dans sa poche, chacun d'eux sentait sa lame. Ils n'ont pas des couteaux à cran d'arrêt comme on le croit d'ordinaire. Il faudrait trop de temps pour ouvrir un couteau. Leur arme était une large lame enfoncée dans un manche de bois et dont la pointe, pour qu'elle ne déchirât pas le fond des poches, était piquée dans un bouchon. Ils n'aimaient pas les revolvers qui sont trompeurs et avec lesquels on n'atteint pas toujours le but que l'on avait choisi. La lame est plus terrible, on la mène à son gré, et puis au bout, du côté du manche, il y a une chose qui ne fait jamais défaut : le courage de l'homme qui la manie.

Lorsqu'ils atteignirent le boulevard Saint-Michel, il était huit heures et demie. Beaucoup de personnes avaient dîné et faisaient leur provision d'air pur pour pouvoir affronter l'atmosphère des cafés. Ils étaient si nombreux que la circulation, sur certains points, en était gênée. Bébert et Loulou, comme ils disaient, entraient dans le tas. Leurs épaules étaient utiles et leur servaient à donner de grands coups. Il leur semblait foncer sur les étudiants, et la main dans la poche, sur le manche de leur lame, foncer sur eux à grands coups de couteau.

Parfois, sur d'autres points, les passants étant plus rares, un couple les croisait, dont ils pouvaient examiner les traits. Ils remportaient encore une victoire. D'un hoquet sonore, lancé en pleine figure, ils atteignaient l'homme et la femme et leur prouvaient avec force qu'ils étaient, Bébert et Loulou, deux hommes qui font ce qui leur plaît.

Ils franchissaient l'espace, à grands pas sonores. Où allaient-ils? Ils n'en savaient rien. Ils allaient quelque part, là où Bébert et Loulou, ayant triomphé des lois, seraient deux héros et pourraient considérer avec orgueil les grands travaux qu'ils auraient accomplis.

— Ah! ils veulent tuer les mecs! disaient-ils.

Bébert et Loulou montreront que l'on sait se

défendre. Et leur esprit, devançant l'avenir, jouissait déjà de leur destin. Après avoir fait un grand coup, ils se voyaient en prison, et dehors, tout autour des murs, la foule hurlante de ceux qu'ils avaient marqué de leur couteau leur montrait par ses cris qu'elle gardait le souvenir des hommes qui l'avaient domptée.

Au pied de la statue de Pelletier-Caventou, ils rencontrèrent un sergent de ville. Ses bras étaient croisés, il se tenait debout dans ses bottes, et auprès de lui était une petite bonne avec laquelle il plaisantait. Il leur sembla voir celui qui, un jour, procéderait à leur arrestation. Ils ne lui en voulurent nullement. Ils le regardèrent avec un sourire d'encouragement. La petite bonne était gentille. Leurs regards se croisèrent avec celui du sergent de ville. Ils sourirent encore. Ils sourirent à l'homme qui, un jour, leur faisant franchir les portes de la Santé, serait l'instrument de leur gloire.

— Ah ! ils veulent tuer les mecs ! répétaient-ils encore.

Un peu plus haut, ils aperçurent un ivrogne. Il marchait sur deux jambes sans force, sa tête semblait vouloir accompagner ses pieds; il causait avec le trottoir. Il disait :

— Moi, je rentre. Je ne fais de mal à personne. Je suis un ouvrier, et je rentre.

Il avait tant de mal à rentrer qu'il en parlait. Ils le bousculèrent un peu et se mirent à rire parce que, pour ne pas tomber, il dut parcourir un grand espace et prendre le temps de rassembler les lourds mouvements qui le redressèrent. Il s'arrêta pour reprendre des forces, pour les regarder et pour leur expliquer :

— Moi, je rentre. Je ne fais de mal à personne. Je suis un ouvrier, et je rentre.

Il paya pour les autres. Ah! ils veulent tuer les mecs! Ce fut Loulou qui lui dit :

— Cochon, tu veux nous tuer!

Il leur vint une idée :

— Si on le piquait un peu, pour lui donner du courage!

Ils sortirent leur lame, rangèrent le bouchon dans leur poche et lui donnèrent d'abord des coups de pointe dans le dos. Il leur semblait piquer la société tout entière et se venger d'elle. Il se passa quelque chose qu'ils ne purent accepter. Ce fut comme si la société protestait. L'homme se mit à crier. Il criait si fort, la canaille! Ah! il voulait leur tenir tête! Loulou saurait bien le faire taire. Il répéta :

— Cochon, tu veux nous tuer !

Il leva sa lame et la plongea entre les deux épaules de l'ivrogne. C'était une bonne lame. Elle rentra jusqu'au bout. L'homme tomba.

Loulou prit le temps d'essuyer son arme contre les vêtements du blessé. Il la mit ensuite dans sa poche, puis, accompagné de son ami Bébert, d'un pas tranquille, il prit une petite rue à gauche et s'en alla regagner la rue Saint-Jacques.

LA RENCONTRE

Il la dépassa, puis il crut, dans sa naïveté, qu'il n'avait qu'à s'arrêter à une devanture; elle viendrait se camper auprès de lui. Elle n'en fit rien et continua sa route.

Alors il se décida à l'aborder. Elle fut aussi mauvaise qu'elle l'avait été dans les derniers temps. Elle joua la surprise et fit :

— Tiens, on m'avait dit que tu étais mort!

Du coup, il fut atrocement vexé. S'il avait été mort, elle eût continué à vivre comme si rien n'était arrivé.

Elle était très élégante. Il n'eût pas su dire si le manteau qu'elle portait était un manteau de loutre, de lapin ou d'astrakan. Il ne connaissait même pas la nature des vêtements qu'elle se mettait sur le dos. Il eut presque regret de l'avoir abordée et se sentit tout de suite peu de chose auprès d'elle. Il essaya de la plaisanter.

— Hé, hé, tu as l'air de faire tes affaires!

Elle répondit :

— Ma foi, tu as bien fait de demander le divorce. Ça m'a réussi.

Pendant un moment, il marcha auprès d'elle comme un niais. Il avait l'air de la suivre, elle ne l'y encourageait pas; il avait l'air d'un homme qui importune une femme qu'il vient de rencontrer dans la rue. Et comme il lui demanda :

— Qu'est-ce que tu deviens?

Elle continua sa route en disant :

— Tu vois, je marche.

Ce fut ainsi qu'ils arrivèrent à la place de la Bastille. Au milieu du trottoir, il fallait qu'il traversât vers la droite pour aller à la gare prendre son train. Il fit un mouvement dans cette direction. Elle lui montra la gauche et dit :

— Moi, je vais par là.

Elle s'arrêta par politesse, au moment de le quitter. Elle lui montra avec une certaine ostentation qu'elle était bien élevée. Il ne sut pas comment lui dire au revoir. Elle eût pu raconter qu'il avait couru après elle et qu'elle l'avait repoussé. Un café était en face d'eux, ce fut pour qu'elle ne pût pas se vanter de pareille chose qu'il proposa :

— Si tu n'es pas trop pressée, on pourrait entrer ici.

Elle éclata de rire, réfléchit un moment et finit par s'écrier :

— Je veux bien, parce que ça sera amusant.

Ils entrèrent. Ils s'assirent l'un en face de l'autre. Ils attendirent qu'on leur servît un quinquina. On le leur apporta.

Il se passa alors un singulier phénomène. La femme, surtout, ne s'y attendait pas. L'homme trouva tout de suite sous sa langue les mots qu'il employait autrefois avec elle. Il avait l'habitude, lorsqu'il rentrait chaque soir à six heures, après avoir passé l'après-midi à son bureau, de l'aborder en lui demandant : « Et alors? » Cela voulait dire : Et alors, qu'est-il arrivé pendant mon absence? Il y avait huit ans qu'ils ne s'étaient vus. Comme il ouvrit la bouche, il en sortit deux mots :

— Et alors?

Jamais, d'ordinaire, il ne les employait avec une autre femme.

Elle ne put s'empêcher de sourire et de faire un petit signe de la tête en reconnaissant les deux mots familiers.

Pour elle, il lui arriva une aventure du même ordre. Elle avait coutume, lorsqu'il sortait, de l'inspecter des pieds à la tête, puis de corriger les défauts de son habillement. Il aurait toujours été fait comme quatre sous si elle n'y avait pris garde. Malgré elle, son œil le parcourut et elle dit :

— Je vois que tu n'as pas encore pu apprendre à nouer les cravates. Allons, penche-toi un peu sur la table. Je m'en vais attacher la tienne.

Il rit. C'était vrai. Il portait sa cravate n'importe comment. Il se pencha, elle la lui attacha avec un grand soin. Il se regarda ensuite dans la glace du café, et elle ajouta en riant :

— Eh oui, c'est très drôle. Ça me gêne encore de te voir mal habillé.

Ils n'éprouvèrent plus aucun sentiment d'embarras.

Il lui dit tout ce qui lui était arrivé pendant ces huit années, comme il lui disait autrefois ce qui lui était arrivé l'après-midi.

Il s'était remarié un an après le divorce. Il avait deux enfants, deux petites filles. L'aînée avait six ans et la seconde en avait cinq. Il avait toujours son emploi. Il habitait Saint-Mandé. Lorsqu'il l'avait rencontrée, il s'en allait à la gare du chemin de fer de Vincennes pour prendre son train.

Quand il eut raconté cela, il eut raconté toute sa vie. Il se tut.

C'était curieux, tout de même. Plus il la regardait, plus il s'apercevait qu'il ne l'avait jamais bien vue. Du temps où ils étaient mariés, il avait toujours cru qu'elle avait les yeux bleus. Depuis le divorce, lorsqu'il pensait à elle, il ne savait pourquoi il s'imaginait qu'elle avait les yeux gris, gris-clair, de beaux yeux, ma foi, on sentait qu'elle n'était pas bête. Il lui fit part de ses constatations. Elle dit en riant :

— Tu vois, tu ne m'as jamais comprise.

Elle s'intéressait à tout ce qui lui était arrivé. Pour s'en faire une idée plus juste encore, elle demanda :

— Et ta femme, comment est-elle?

Il finit par lui répondre :

— Veux-tu que je te dise, Alice? On n'a qu'une seule femme : c'est la première. Ensuite on n'en épouse une autre rien qu'à cause de la cuisine et pour avoir des enfants.

Comme il fut triste après avoir prononcé ces mots! Comme ils auraient pu être heureux si elle l'avait voulu! Il en parla. Il dit :

— Ah! pourquoi m'as-tu tant trompé!

Chose singulière pour lui qui la connaissait et

qui avait remarqué dans les derniers temps de leur vie commune qu'elle s'entêtait dans le mal et qu'elle voulait toujours avoir raison, elle lui répondit avec douceur et franchise :

— Que veux-tu? J'avais huit ans de moins qu'aujourd'hui. On est bête quand on est jeune.

Elle fut très gentille, comme dans les premiers temps de leur mariage où elle avait très bon cœur et où on pouvait toujours la prendre par les bons sentiments. Il lui demanda :

— Tu ne m'as pas dit ce que tu avais fait pendant ces huit années?

— Elle répondit :

— Mon pauvre ami, tu ne voudrais pas que je te le raconte. Tu sais bien ce que peut faire une femme divorcée.

Il lui dit alors :

— Ce qui me console, Alice, c'est que tu n'es pas dans la misère.

Ils furent deux bons amis bien tristes, de chaque côté de la table du café. Elle lui fit des excuses :

— Il ne faut pas m'en vouloir si je t'ai mal reçu lorsque tu m'as adressé la parole. J'ai fait la fière. Il aurait bien mieux valu, en effet, que je ne te réponde pas. Tu vois, nous avons eu tort.

Maintenant nous allons être malheureux en pensant l'un à l'autre.

Ils n'eurent pas le temps, d'ailleurs, de parler pendant longtemps. La pendule du café finit par marquer sept heures et demie. Elle ne voulut pas être pour lui une cause d'ennui. Elle dit :

— Je ne te retiens pas, Paul, ta femme serait inquiète.

Il répondit :

— Ah! oui, la pauvre femme, elle le serait bien davantage encore si elle savait à quoi je pense ce soir.

Ils se serrèrent la main comme deux pauvres camarades qui n'ont pas eu de chance dans la vie.

LA VISITE

La première idée qui vint à Marguerite lorsqu'elle eut achevé la lecture de la lettre que lui écrivait son père, ce fut que, jamais, pareille aventure n'était arrivée à personne.

Elle était la fille de Michel Dubost. Elle n'avait pas eu de chance. A trois ans, elle avait perdu sa mère. Pendant un mois, avec sa sœur Léontine qui avait quatre ans, elle avait passé les journées chez sa tante, et le soir elle revenait coucher à la maison.

Mais un soir, le père n'était pas rentré. On avait été inquiet toute la nuit; il avait bien fallu installer les deux enfants dans le lit de leurs petits cousins. Le lendemain matin, un homme avait raconté que Michel Dubost disait qu'il ne pouvait pas vivre comme ça et qu'un jour ou l'autre il s'en irait. Il avait vingt-huit ans. Il était charpentier. Il avait toujours aimé boire.

Les dames de la ville s'étaient occupées des deux petites filles et les avaient fait entrer dans un couvent, à Bourges. Elles y avaient connu une sœur qui s'appelait Sœur Clotilde et qui les aimait bien. A l'âge de dix ans, Léontine était morte. Les premiers temps, Marguerite oubliait pendant la nuit qu'elle avait perdu sa sœur, et le lendemain matin, au lever, elle se trouvait toute bête, au moment où d'ordinaire elle allait la trouver pour qu'elle lui nattât les cheveux.

A treize ans, on l'avait placée comme bergère dans une ferme. Elle passait tout son temps à compter ses moutons parce qu'elle avait peur d'en avoir perdu. Dans une autre ferme, elle avait été servante, mais elle n'avait pas pu y rester parce qu'elle n'était pas assez forte. Elle avait travaillé ensuite à Bourges, à la cartoucherie, puis quand la cartoucherie de Bourges avait mal marché, on l'avait envoyée à celle de Vincennes. C'est là qu'elle s'était aperçue qu'elle savait très bien coudre. Elle était venue à Paris, elle était couturière et travaillait chez une patronne. Heureusement, parce que, sans cela, elle aurait pu être toute sa vie ouvrière d'usine.

LA VISITE

Elle avait vingt-deux ans, et voilà qu'elle venait de recevoir cette lettre. C'était son père qui lui écrivait. Il n'était pas mort comme elle aurait pu le croire. Il était à Paris et viendrait la voir le dimanche suivant, vers deux heures. Comme la vie est drôle ! S'il y avait une chose à laquelle elle ne s'attendait pas, c'était bien celle-là.

Ce qui l'ennuyait le plus, c'est que, tous les dimanches, elle se promenait avec une de ses amies, Louise Durocher, et le soir, elles dînaient ensemble. Ma foi, tant pis ! Elle ne voulut pas perdre son dimanche. Elle ne dit rien à son amie. Et puis, tout ce qui lui était arrivé de mal dans la vie était arrivé par la faute de son père. Elle ne changerait rien à ses habitudes pour lui. Seulement, elle était bien curieuse de savoir comment il était fait.

Il ne vint pas à deux heures, comme il l'avait dit : il était impatient sans doute et vint à une heure et demie. Il avait hésité pendant longtemps pour savoir s'il devait apporter un bouquet de violettes ou des oranges, mais il avait choisi des oranges, parce que ça se mange. Il en portait. Il tenait absolument à faire un cadeau à sa fille.

Il était habillé comme un ouvrier, en noir, avec

un chapeau de feutre à grands bords. Il avait une large ceinture bleue. Il était tout gris.

Quand il eut posé ses oranges sur la table, elle s'aperçut qu'il avait deux grosses mains d'ouvrier au bout de ses bras. Elles étaient si lourdes qu'elles semblaient le gêner. Il ne sut qu'en faire lorsqu'il fut assis. Il essaya de les croiser, mais les doigts de chacune de ses mains étaient trop gros pour tenir dans les intervalles de ceux de l'autre. Au bout d'un petit moment, sans rien dire, il enleva son chapeau et mit ses mains dessous pour les cacher.

Marguerite eut envie de rire.

Elle n'avait jamais pu se figurer avec précision la différence qui existe entre un père et un homme ordinaire.

Il avait le teint rouge, il portait toute sa barbe, ses joues étaient pleines de rides. Elle n'aurait pas voulu avoir à embrasser un homme si vieux et si barbu.

Elle ne l'encouragea pas beaucoup à parler. Comme elle faisait semblant de ne pas s'apercevoir qu'il avait posé sur la table des oranges, il dit :

— Je t'ai apporté deux oranges.

Elle joua la surprise et dit :

— C'est donc pour moi !

Elle s'en empara. Un vase était posé sur la cheminée, elle les fourra dedans. On ne les voyait plus. Le père fut ennuyé. C'était comme s'il n'avait rien apporté du tout.

Maintenant que la curiosité de Marguerite était satisfaite et qu'elle avait vu son père, elle était plutôt gênée d'être là avec un homme auquel elle n'avait pas l'habitude de parler. Elle n'était pas très contente de lui, du reste. Et comme il disait :

— Alors, cette pauvre Léontine est morte?

— Oui, elle est morte, répondit-elle. Ça n'est pas d'aujourd'hui, il y a quinze ans.

Il voulait avoir des détails.

— Et comment est-elle morte?

Elle finit par répondre :

— Si vous croyez que je le sais ! J'avais neuf ans. Si vous voulez avoir des renseignements, ça n'est pas à moi qu'il faut en demander. Il faut écrire au couvent.

Elle ne continua pas, d'ailleurs, sur ce ton-là.

Depuis le jour où elle avait reçu la lettre de son père, elle éprouvait une grande inquiétude. Elle craignait qu'il ne s'attendrît, qu'il ne se mît à pleurer, et qu'en un mot sa chambre ne fût le théâtre d'une de ces scènes entre un homme et une femme qui sont si pénibles lorsque l'un ne partage pas les sentiments de l'autre. N'allait-il pas vouloir l'appeler ma fille et la presser sur son cœur? Ce fut uniquement pour s'éviter un tel ennui qu'elle fit son possible pour occuper le temps. Elle parla.

Elle demanda à son père une chose qui l'intéressait, d'ailleurs : Comment avait-il fait pour avoir son adresse? Il lui répondit que c'était sa belle-sœur — ta tante, enfin, dit-il — qui la lui avait donnée. En effet, Marguerite, tous les ans, pour la bonne année, écrivait à cette pauvre femme.

Ensuite, elle lui demanda ce qu'il faisait à Paris. Il était comme beaucoup d'autres : il travaillait au Métropolitain. Mais auparavant, après avoir quitté le pays, il avait travaillé pendant dix ans chez un patron, à Nevers. La seule allusion qu'il fit au passé fut la suivante. Il dit :

— Bien du monde ont dû me jeter la pierre. Je ne suis pas si mauvais que ça, puisque j'ai travaillé pendant dix ans dans la même maison.

Elle fut contente lorsqu'elle entendit sonner deux heures et demie, parce que Louise Durocher, comme chaque dimanche, n'allait pas tarder à venir. En l'attendant, elle donna à son père quelques détails sur son métier de couturière. Elle parla aussi longuement qu'elle le put. Elle donna même le nom de sa patronne. Elle portait un drôle de nom. Elle s'appelait : Mme Donquichotte.

Ce fut à trois heures moins le quart qu'arriva Louise Durocher. Le père se comporta comme s'il avait fait une visite de cérémonie. Il se leva lorsque entra la jeune fille. Il fit tomber son chapeau, car il était maladroit et ne se trouvait pas à son aise dans les solennités. Lorsqu'il l'eut ramassé, il dit :

— Je vois que je vous dérange.

La fille répondit :

— C'est qu'en effet, Louise et moi, nous avons l'habitude de sortir ensemble l'après-midi du dimanche.

Il regarda avec attention, du reste, cette Louise Durocher. C'était une blonde. Elle n'était pas habillée, comme il le craignait, à la dernière mode. Elle avait même l'air assez embarrassé dans ses mouvements. On voyait bien que c'était une ouvrière, elle avait le dos un peu bombé comme les personnes qui travaillent.

Il dit en partant quelques mots, comme en doit prononcer un père.

— Allons, au revoir, Marguerite. Je suis content de t'avoir vue. Promenez-vous bien. Je craignais un peu au sujet de tes fréquentations, mais je vois que ton amie a l'air sérieuse.

LA CHASSE AU LION

Pourquoi diable Lucien Guilmot avait-il eu l'idée d'aller s'installer dans ce coin reculé de Montrouge? N'eût-il pas dû prévoir que toutes les nuits il s'attarderait jusqu'à une heure dans les cafés du quartier latin? Certes, il eût pu prendre une voiture pour rentrer, mais les quarante sous qu'elle lui eût coûté représentaient le prix de quatre demis de bonne bière.

Plus d'une fois, dans une rue déserte, à l'un de ces instants où l'on ne s'y attend pas, un passant s'avançait dans la direction de Lucien. Quel était-il? Ce n'est que plus tard, lorsqu'il avait déjà eu peur, que Lucien s'apercevait que ce passant, l'ayant croisé sans lui rien dire, était un honnête homme. Une fois de plus, un paisible habitant de Paris avait échappé à la mort.

Mais qui donc peut lutter avec l'armée du crime? Le jour du malheur arriva. C'était précisément à l'époque de la fête du Lion de Belfort. Il ne sert à rien d'être vertueux. Cette nuit-là, Lucien rentrait chez lui à minuit, et non pas à une heure comme d'ordinaire. Il venait à peine de quitter l'avenue d'Orléans pour s'engager dans une première petite rue qui, suivie de plusieurs autres, le conduisait à sa porte, lorsque se produisit la terrible rencontre.

Un gros chien jaune s'approcha de Lucien, le flaira, puis, faisant demi-tour, partit à toute vitesse et disparut dans la nuit. Il sembla bien à Lucien qu'il avait entendu dire que les apaches depuis quelque temps s'étaient mis à dresser des chiens. Le système, du reste, était ingénieux. Pendant qu'ils fumaient paisiblement leur cigarette dans un coin, la bête inspectait le quartier au nom de ses maîtres. Les chiens savent déjà, par instinct, reconnaître les mendiants, et il ne doit pas être nécessaire de consacrer beaucoup de temps à leur éducation pour obtenir d'eux qu'ils sachent reconnaître, parmi les passants, ceux qui appartiennent à la classe aisée. Ayant bien flairé son homme, le possédant à fond, le chien retourne à ses apaches et les conduit auprès de leur victime. Oui, il sembla à Lucien qu'il avait entendu raconter pareille histoire.

Le plus sage pour lui eût été de revenir sur ses pas, de rejoindre l'avenue d'Orléans où sont les sergents de ville et les passants, puis de rentrer chez lui par un autre chemin, en faisant un détour. Nous sommes tous remplis d'un sot respect humain. La peur du ridicule est en nous plus forte que celle du danger. Et nous sommes confiants jusqu'à la dernière heure. N'a-t-on pas vu des hommes atteints d'un mal incurable s'imaginer que le miracle qui ne s'est jamais produit pour personne se produirait pour eux?

Lucien avait à peine tourné à gauche qu'il aperçut trois hommes, car ils étaient trois. Ils avaient des espadrilles, une casquette, un bourgeron bleu. Ils étaient tous les trois armés d'une trique comme les bandits dans les illustrations des *Misérables*. Le chien n'était plus auprès d'eux. Ils ne l'utilisaient pas pour l'attaque sans doute, car les chiens aboient et grondent. Ils l'avaient envoyé leur chercher du travail pour l'instant où ils auraient achevé celui auquel ils allaient se livrer sur Lucien.

Celui-ci agit comme nous l'eussions fait à sa place. Il allait passer à côté des trois apaches en feignant de ne les avoir pas même aperçus, mais ces gaillards-là n'attendent pas que l'on vienne à eux, ils viennent à vous. Lucien entendit ces mots :

— Monsieur, écoutez donc?

Ah, certes, il n'écouta pas. Mais ils eurent vite fait de le rejoindre; plus vite, lui sembla-t-il encore, de l'entourer; et comme il s'attendait à des choses inouïes, il ne fut pas déçu. Il entendit ces mots :

— Dites donc, monsieur, vous n'auriez pas rencontré un lion?

Lucien fut bien obligé de s'arrêter. Un lion? Quel lion? N'était-ce pas d'un lion qu'on lui parlait? Il répondit avec arrogance :

— Je ne sais pas du tout ce que vous voulez me dire.

Il eut raison de leur parler ainsi. Mis en demeure de s'expliquer, les trois hommes s'expliquèrent. Qu'est-ce que Lucien entendit donc? Ils n'étaient pas des apaches comme il l'avait cru, mais le propriétaire, le dompteur et le valet d'une ménagerie installée à la fête du Lion de Belfort. Ils possédaient un lion. Ils avaient, par négligence, laissé la porte de sa cage ouverte : il s'était échappé. Ils en étaient étonnés eux-mêmes.

Lucien ne put que leur conter son histoire du gros chien jaune. La bête l'avait reniflé et s'était enfuie. Les trois hommes, d'un commun accord, s'écrièrent :

— Ça doit être lui. Il aura eu peur.

Ils écoutèrent avec une grande attention les explications qui leur furent données sur la direction qu'avait prise l'animal. Ils allaient la suivre, mais Lucien, qui était encore assez éloigné de chez lui, s'aperçut au bon moment qu'un danger le menaçait sur sa route. Il avait eu beaucoup de chance déjà, parce que le lion ne l'avait pas attaqué. Qu'est-ce qu'il allait pouvoir faire si une seconde rencontre le mettait en sa présence? Il demanda :

— Mais il ne va pas me faire du mal, au moins, votre lion?

L'un des trois hommes qui s'était déjà éloigné des deux autres entendit le bruit des paroles de Lucien, et n'en comprenant pas le sens, demanda :

— Qu'est-ce qu'il dit?

— Il demande si le lion va lui faire du mal, lui répondit-on.

Ils éclatèrent de rire tous les trois, puis ajoutèrent, sur le ton d'une bonne plaisanterie :

— Ma foi, si vous avez peur, vous n'avez qu'une chose à faire, restez avec nous. Il nous connaît, il ne vous touchera pas en notre présence.

Mon Dieu, le plus simple était de suivre leur

conseil. La chasse au lion commença. Ils se dirigèrent tous les quatre dans la direction par où la bête s'était enfuie. Ils eurent de la chance. Au bout d'une rue, ils aperçurent dans le lointain une grosse masse noire montée sur quatre pattes et qui venait à eux. L'un des hommes dit :

— Mettons-nous sous une porte cochère, parce que, s'il nous aperçoit, il va se sauver.

Un autre eut une idée plus heureuse encore :

— Qu'un de vous vienne avec moi. Nous allons galoper dans les petites rues, nous gagnerons par un détour le bout de la rue où nous sommes et nous prendrons la bête par derrière. Restez où vous êtes, vous le tenez par devant.

Il ne fallut pas trop longtemps. Les chasseurs étaient divisés en deux groupes. L'instant vint où le lion fut pris entre eux. Ce fut un instant tragique. Aucune porte n'était ouverte pour que l'animal pût s'y glisser. De quelque côté qu'il se dirigeât, il se heurtait à ses chasseurs. Il essayait bien de s'enfuir en rasant les murs, de se couler par un intervalle, mais l'homme près duquel il passait alors, imitant le bruit de quelqu'un qui éternue, faisait :

— Vchou ! !...

Le lion avait peur, revenait sur ses pas et ne

savait plus que devenir. De quelque côté qu'il fît front, il entendait ce bruit : Vchou!!...

Les deux groupes se rapprochèrent, l'animal fut cerné. Le dompteur le saisit par la crinière. Lucien, qui n'éprouvait plus aucun sentiment de crainte, s'essaya, lui aussi, à faire : Vchou!!... Mais le dompteur se fâcha et lui dit :

— Vous allez l'effrayer et me le faire lâcher.

Le plus difficile, ce fut d'entraîner le lion dans la direction de sa cage. Il était fort et résistant. Heureusement, le valet trouva une combinaison. Au moment où l'on s'était aperçu de la fuite de la bête, le valet mangeait un morceau de pain et de veau froid. Il dit :

— Attendez, je marche devant. Je lui tends à manger, il me suivra.

Le dompteur fit une juste observation :

— Surtout, ne lui tends pas ton morceau de veau, parce qu'il n'aime pas la viande.

La combinaison réussit parfaitement. On se comporta vis-à-vis du lion comme on le fait à l'égard d'un âne rétif. Un homme marchait au-devant de lui en lui tendant une poignée de nourriture. Il suivait, attiré par la gourmandise. Il allait même beaucoup trop vite, il fallait tirer sur sa crinière pour le retenir.

Le retour s'accomplit sans encombre. On ne rencontra aucun sergent de ville. Comme le pauvre homme aurait été effrayé ! On arriva avec bonheur à l'entrée de la ménagerie. Les quatre hommes pénétrèrent à l'intérieur. L'hyène et l'ours blanc dormaient. La porte de la cage au lion était ouverte. Le valet, d'un large geste, y jeta son morceau de pain. Le lion fit un bond, sauta dessus, et comme il le saisissait entre ses griffes puissantes, poussa un rugissement terrible avant de le dévorer.

Ils n'eurent d'ennui qu'avec le chien de garde qui aboya avec férocité en apercevant Lucien qu'il ne connaissait pas. Grâce à Dieu, il était enchaîné. L'un des hommes dit :

— Heureusement que ça n'est pas celui-là qui s'est échappé. Il aurait certainement mordu quelqu'un.

HISTOIRE D'ANTHROPOPHAGES

Cette histoire sera une histoire d'anthropophages. Les hommes qui mangent leurs semblables ont de tout temps été décriés. J'ai toujours cru que c'était bien à tort. Un récent séjour que je fis dans l'Afrique centrale m'a démontré à tout jamais qu'il ne fallait pas accepter ce que nous appelons les idées reçues. Il y a toujours un coin qui reste sain chez les hommes les plus corrompus. Pour le mieux démontrer, j'effacerai, autant qu'il le sera possible dans mon récit, les tons de couleur locale et je tracerai seulement à grands traits, avec le seul souci de la vérité humaine, une scène de la vie des noirs anthropophages dont les éléments sont parvenus jusqu'à moi.

Ce n'est pas parce que la tribu des M'Talas aimait la guerre, c'est surtout parce qu'elle n'aimait pas le travail qu'elle était devenue une tribu guerrière. Certes, pour se battre, il faut dépenser un grand courage, mais on s'illusionne au cours de la bataille, en poussant des cris joyeux, en sautant les fossés, en faisant péter les fusils, et il semble à ceux qui n'ont pas le goût du combat qu'ils se livrent à une partie de plaisir en plein air, à un exercice pour la santé dont l'utilité excuse la violence.

Il dut y avoir un traître chez les M'Talas : au cours d'une excursion chez leurs voisins, ils ne trouvèrent au-devant d'eux que des villages dont les habitants, prévenus sans doute, s'étaient enfuis. Les noirs ne se veulent pas de mal : les M'Talas ne brûlèrent pas ces villages. Et lorsqu'ils regagnèrent leurs foyers, ils n'emmenaient en captivité qu'une femme et son enfant. Il est bien certain, d'ailleurs, qu'ils ne leur voulaient aucun mal et qu'ils ne les ramenaient au pays que pour justifier de l'emploi de leur temps.

Les guerriers M'Talas, à leur retour, furent très mal reçus par les vieillards et par les femmes. Les vieillards de tous pays ressemblent aux républicains de 1848 qui déclarent, en voyant ce que nous avons fait de la République, que les générations d'aujourd'hui ne savent rien mettre sur pied.

Quant aux femmes, elles ont toujours dit aux hommes :

— Tu n'as qu'à garder les petits. Moi, je me charge de faire ton travail, et mieux que toi.

Pour un peu, puisqu'ils n'avaient pas trouvé à se battre, puisqu'ils n'avaient pas remporté de victoire, on les eût appelés les vaincus. Ils se défendirent comme ils le purent contre le déshonneur. Ils se rappelèrent à propos que dans les temps passés, avant que le blanc ne fût introduit dans leur pays, ils mangeaient la chair de leurs ennemis. Ils crurent flatter les vieillards en faisant appel à la tradition, les femmes en faisant appel au sentiment de la gourmandise. Pour eux, ils ne furent pas anthropophages pour leur plaisir, mais parce qu'il le fallait. Ils répondirent :

— Nous n'avons amené avec nous que deux prisonniers, il est vrai, mais c'est pour les manger.

La femme était belle. Elle avait vingt ans. Elle était grasse. Sa chair était d'un noir un peu violet, et très abondante dans la région des hanches. Elle plut. On dit :

— Oui, celle-ci va bien.

Mais l'enfant, qui n'avait pas plus de sept ans, bien qu'elle eût de gros os, avait de tout petits membres. Elle avait dû être mal nourrie. Son petit ventre était gonflé comme celui des personnes qui ne mangent qu'une nourriture lourde et mal assimilable. Sa chair, dans les endroits où elle en possédait, était tout à fait flasque. Il y eut plus d'une personne pour crier :

— Qu'est-ce que vous voulez que nous fassions de cette enfant-là ?

Les guerriers M'Talas, qui n'étaient pas cruels et ne cherchaient qu'à éviter les disputes, répondirent sur un ton conciliant :

— Que voulez-vous ? Conservons-la. En lui donnant des soins, peut-être grossira-t-elle.

Ils se conduisirent très bien à l'égard de la mère. Au lieu de la faire tuer par le boucher, comme une bête, ils la firent tuer par le sorcier qui était en même temps une sorte de grand-prêtre. Ils ne la sacrifièrent pas à leurs bas instincts, mais à la vengeance des dieux qui sont des personnages puissants et qui aiment l'ordre et la justice. Et le festin au cours duquel on devait manger la victime fut donné, non pas un jour ordinaire, mais le jour d'une grande fête religieuse.

Les noirs sont pieux. Aucun d'eux ne fut en retard. Le matin de la cérémonie, à l'ombre du baobab, sur la place du village, vieillards, femmes, enfants, guerriers, et la famille même du chef, attendaient que l'heure eût sonné. Ce n'est que lorsque le moment fut venu, que les serviteurs à chacun apportèrent sa part.

On mangea.

Mais la fête ne fut pas si belle que quelques-uns avaient osé l'espérer. Les plus cruels, en entendant les premiers cris que poussa l'enfant de la victime, eurent d'abord un mouvement d'impatience. Il semblait qu'une créature sans délicatesse troublât la pureté d'un beau jour. On entendit des murmures d'impatience :

— On aurait bien dû la saigner aussi, cette gosse !

Mais quelques femmes, accompagnées de ceux qui, parmi les hommes, avaient l'expérience de certains chagrins que nous cause la vie, répondirent :

— Laissez-la donc tranquille, cette petite fille !

On s'occupa d'elle. Les mères de famille, qui savaient comment on prend les enfants, prélevaient sur leur part un joli morceau maigre et bien cuit et disaient :

— Vois donc, petite fille, comme c'est appétissant. Allons, pour me faire plaisir, tu vas manger ça.

La pauvre enfant ne pensait pas à faire plaisir à

qui que ce fût. Elle enfonçait ses petits doigts dans ses yeux : on eût dit qu'elle allait chercher des larmes dans sa tête pour en répandre davantage. Elle criait, parmi ses sanglots. Elle disait :

— Je veux ma maman! Je veux ma maman !

— Mais ta maman est morte, voyons, lui répondaient les femmes.

On avait envie de la gronder à cause de son entêtement. Elle ne voulut rien manger. Plus d'une personne était en colère. On eut beau lui montrer les autres enfants :

— Regarde le petit garçon, là-bas. Il ne pleure pas, il mange. Tu vois, il a l'air de trouver ça bien bon.

— Je veux ma maman ! Je veux ma maman, ne cessait de crier la petite sotte.

On la secoua :

— Allons, ça n'est pas joli. Il ne faut pas bouder contre son ventre.

Pendant toute la durée du repas, elle ne cessa de pleurer. Elle menait un tel bruit qu'on en avait mal aux oreilles, mais d'autre part, elle montrait un si bon cœur que tous les convives, même ceux qui n'aiment pas les gens tristes, malgré eux se sentaient émus. Les mères finirent par en parler à leurs enfants. Il y avait un beau côté dans sa douleur.

— Tu vois, la petite fille, elle pleure parce qu'il est arrivé du mal à sa maman.

A ceux qui n'étaient pas affectueux, on disait :

— Ça n'est pas toi qui pleurerais comme elle si je n'étais plus là.

Plusieurs personnes commencèrent à verser des larmes : tous ceux et toutes celles qui, ayant été orphelins, avaient eu une enfance malheureuse. La petite fille leur rappelait un triste passé.

— Comme je la comprends, disaient-ils. En effet, elle n'a plus personne au monde. C'est bien triste, à son âge !

Il y en eut qui adressèrent aux guerriers des reproches :

— Tout de même, vous ne pouviez pas laisser ces deux pauvres créatures dans leur pays !

Celles des femmes qui étaient criardes commencèrent à dire :

— Parbleu ! Ils sont tous les mêmes. Ils ne désireraient qu'une chose : ce serait de nous voir à la place de cette malheureuse qu'ils ont assassinée.

Les hommes sentaient la gravité des reproches qui leur étaient adressés et tentaient de se défendre :

— Ce n'est pas notre faute, disaient-ils. Voyons, rappelez-vous, c'est à la suite des cris par lesquels vous nous avez accueillis quand nous sommes revenus d'expédition, que nous avons pris, croyant vous faire plaisir, cette résolution que maintenant nous déplorons autant que vous.

Le festin fut un bien triste festin. Il suffit des larmes d'un enfant pour rappeler tout un peuple au sentiment de sa dignité morale. Le chef lui-même finit par prendre la parole. Il dit :

— Pour cette enfant, séchez vos larmes. Je l'adopte, à cause de son bon cœur. Pour la mère, il est trop tard, hélas ! Que les tristes événements qui ont suivi sa mort nous servent au moins de leçon. Rappelons-nous que les repas faits avec de la chair humaine sont tristes et ne causent aucun plaisir.

Tous les assistants baissaient la tête et se reprochaient, dans le fond de leur cœur, d'avoir commis le honteux péché de gourmandise.

L'ALLUMETTE

Ce fut au cours d'un voyage en Suisse, à Zurich, le soir même de son arrivée, que Henri Létang, en trois secondes, se trouva lancé dans l'une des plus terribles aventures auxquelles un homme puisse être mêlé.

Henri Létang arriva à Zurich par un train du soir. Il se fit conduire à son hôtel. Ayant les moyens de voyager dans d'excellentes conditions, il avait fait choix d'un de ces hôtels recommandés par les guides pour leur bonne tenue et pour la qualité des personnes qui les fréquentent. Il dîna sur place, puis, se sentant un peu fatigué par une journée de chemin de fer, monta à sa chambre et, quoique n'ayant pas sommeil, se coucha. Il avait un bon lit.

Henri Létang ressemblait à beaucoup d'autres.

Certes, il était venu à Zurich pour visiter cette ville, et, avant d'y arriver, se sentait même assez curieux de la connaître. Mais le soir où l'on arrive dans une ville, le sentiment que l'on a pour elle s'émousse, ou mieux, ayant le temps de se satisfaire, se repose et ne lui demande que d'être présente. Henri Létang était couché dans un lit de Zurich, l'ampoule électrique qui éclairait sa chambre était l'ampoule électrique d'une chambre de Zurich. Il avait déposé son étui de fumeur sur sa table de nuit. Il en sortit une cigarette, la mit à sa bouche ; il allait la fumer à Zurich. Cela lui suffisait.

Ayant allumé sa cigarette, il venait de rejeter son allumette, lorsqu'il fut pris d'une inquiétude, ou plutôt d'un scrupule. Cette allumette enflammée, tombant sur la descente de lit, ne pouvait-elle pas provoquer un incendie ? Henri Létang se pencha ; il avait eu raison de regarder : en effet, l'allumette n'était pas éteinte encore. Il allait se lever et chausser sa pantoufle pour l'écraser du pied, lorsque soudain, brutalement, il n'eut pas besoin de faire ce geste.

Apparaissant avec netteté, possédant cinq doigts réunis, une main cachée sous le lit en sortit, se leva, puis, s'abaissant, se posa sur l'allumette et en étouffa la flamme.

Notre cerveau n'apprécie d'abord que ce que lui ont indiqué nos yeux. La première pensée qui s'empara d'Henri Létang fut relative à l'action même qu'il venait de voir s'accomplir. Lorsqu'on pose la main sur un objet enflammé, on risque de se brûler. Comment avait pu faire le possesseur de la main pour éviter cela ? Henri Létang se dit que, sans doute, cet homme s'était mouillé les doigts avec sa salive.

C'est ensuite seulement, après que le temps fut écoulé, qu'il lui fallut, pour faire ce raisonnement, qu'Henri Létang put se dire :

— Un homme est sous mon lit !

Puis, lentement, mot à mot, lui vint cette pensée :

— Il attend que je sois endormi et me tuera pour me voler.

Lorsqu'il eut compris, pesé, touché en quelque sorte chacun des mots de cette pensée, Henri Létang n'en put avoir aucune autre. Toutes ses idées furent remplacées par un silence affreux qui, entrant soudain dans la chambre, l'emplit et en fut un habitant plus terrible encore que celui qui, sous le lit, attendait son heure. Henri Létang le reçut comme on reçoit un coup sur la tête. Ce fut comme s'il s'éveillait d'un long sommeil. Il se rappela une chose que depuis longtemps il avait oubliée. Il se dit :

— Ah ! oui, c'est vrai, j'avais oublié que je dois mourir un jour !

Et, lorsqu'il avala sa salive, il fut surpris par un goût atroce qu'elle possédait et qui sembla, pour jamais, se fixer dans sa gorge.

— Je vais être assassiné cette nuit !

C'était comme s'il eût eu dans le cou le goût déjà de son propre cadavre. Il ne le pouvait supporter.

Parfois, doucement, pour ne pas éveiller l'attention, craignant il ne savait quoi s'il eût fait du bruit, avec toutes les précautions dont il était capable, il faisait pivoter sa tête autour de son cou et, avidement, lançant un coup d'œil, regardait les meubles de sa chambre. Il y avait un buffet qu'il ne reconnaissait pas, une armoire, une table, des fauteuils qu'il compta et qui étaient au nombre de quatre. Il faillit ne pas remarquer un canapé. Mais aucun meuble ne vint à son secours.

Il fallut bien cinq minutes avant que l'idée de la fatalité pût faire place en lui à celle d'un violent désespoir. Mon Dieu, pourquoi cela lui arrivait-il ? Pourquoi en ce moment était-il à Zurich ? Il eût pu être, sans pour cela avoir interrompu son voyage en Suisse, à Bâle, à Genève, à Schaffouse, qui sont des villes dans lesquelles on ne court aucun danger. La vie est bête. Pourquoi était-il dans cette chambre? Il eût pu être dans la chambre à côté. Pourquoi surtout, avant de se coucher, n'avait-il pas eu l'idée de donner un coup d'œil sous son lit ?

— Ah ! j'en ai fait une boulette ! se dit-il.

Il se débattit comme il le put. Tout d'abord, pour se défendre, il ne trouva que les tristes pensées de la créature humaine que l'on va tuer par erreur.

— Mais je n'ai rien fait, se fût-il écrié, car l'idée de la mort est en nous invinciblement associée à celle du châtiment.

Non, il n'avait rien fait. Il était innocent. Il sentait toute l'étendue et toute la profondeur de son innocence. Et il était un homme très bon. Il était si bon qu'il n'en voulait même pas au brigand qui, caché sous son lit, lui voulait tant de mal. Il eût pu pourtant lui en vouloir. Mais cet homme ne le connaissait donc pas ! Il avait envie de lui crier :

— C'est moi, Henri Létang, que vous allez tuer ! Vous vous trompez, ce ne sont pas des gens comme moi que l'on tue.

Il se sentait capable de devenir son ami. C'est par besoin d'argent que l'on embrasse la profession du crime. Henri Létang avait de l'argent. Il lui vint la pensée de dire à cet homme :

— Ecoutez ! Je sais que vous êtes sous mon lit. Ne me faites pas de mal et je vous donnerai tout ce que je possède. Je vous donnerai même davantage. Vous ne savez pas qui je suis, vous ne savez pas de quoi je suis capable. Si tout ce que j'ai sur moi ne vous suffit pas, écoutez encore. Je vous fais une promesse : je retournerai à Paris et, une fois là-bas, je vous enverrai la somme que vous-même voudrez bien me fixer.

Pauvre camarade étendu sous le lit ! Henri Létang n'osait pas lui en vouloir, de crainte d'éveiller sa colère. Il lui était même reconnaissant de ne faire aucun bruit et de n'avoir attiré son attention que par ce geste silencieux d'une main posée sur une allumette.

Mais il se passa bientôt ce que l'on peut appeler un événement. Henri Létang en était là de ses réflexions lorsque, brusquement, au moment où il s'y attendait le moins, une joie soudaine, irrésistible et chaude et bonne le saisit.

Il fut pris à la gorge, elle entra dans sa bouche, il la sentit couler, il en était plein. Il ne savait pas comment elle était venue. Il s'en fallut de peu qu'il ne s'écriât :

— Mon Dieu, je suis sauvé !

Il prit bien son temps pour être plus sûr du succès, il régla chaque détail, il arrêta l'endroit précis où il poserait ses pieds. Il se dit même qu'il poserait sa main gauche sur la boule de cuivre de son lit. Tout était prêt, il n'y avait rien à craindre. Voici :

Henri Létang se dressa sur son séant et imita d'abord ces personnes qui ont l'habitude de parler haut lorsqu'elles sont seules. Il parla pour lui-même, certes, mais de façon surtout à se faire entendre par tous les hommes qui eussent pu être cachés dans sa chambre. Il dit :

— Je suis bête, je crois bien que j'ai laissé ma clef sur la porte.

Il se leva. Personne ne lui sauta à la gorge. L'autre se félicitait sans doute en pensant qu'il venait d'échapper à un danger. Il avait couru le risque de voir quelqu'un tourner la clef dans la serrure et entrer au moment où il accomplirait son crime.

Henri Létang ne se pressa pas, pour ne pas attirer l'attention. Il alla à la porte, l'ouvrit. Mon Dieu, il s'agissait bien de sa clef ! Comme il cria, comme sa voix était forte !

— Au secours ! A l'assassin ! Venez ! Accourez vite !

Dix personnes étaient autour de lui déjà qu'il criait encore. Il cria plus qu'il n'était nécessaire.

On trouva le gaillard couché sous le lit. Il fallut l'en sortir, car il ne fit pas un geste pour faciliter aux gens leur tâche. Lorsqu'il fut debout, il était pâle, avec deux yeux brillants. Des femmes le frappèrent. Le patron de l'hôtel ne l'avait jamais vu. Les agents de police lui passèrent les menottes. Lorsqu'on l'eut entraîné, lorsqu'il fut sur le chemin de la prison, tout le monde tremblait encore.

L'AUMÔNE

On l'appelait le père Balthazar. Il eût été difficile de connaître son visage, car celui-ci avait été envahi par une de ces barbes contre lesquelles la peau humaine ne peut pas lutter. Certes, on apercevait son nez, mais ce nez lui-même était couvert de poils. On en arrivait à être surpris lorsqu'on s'apercevait que la barbe, sur cet homme, avait tout de même respecté les deux yeux.

Le père Balthazar, de plus, était coiffé d'un vieux chapeau de feutre qui, enfoncé jusqu'à la nuque, jusqu'aux oreilles, jusqu'aux sourcils, cachait soigneusement ce qui sur sa tête n'était pas de la barbe.

Le malheur avait voulu du reste que celle-ci fût rouge. On n'aime pas les gens qui ont trop de barbe, parce que ne laissant pas apercevoir leur visage, ils semblent avoir voulu cacher ce qu'ils pensent, et l'on aime moins encore ceux chez lesquels cette barbe est rouge.

Le père Balthazar se promenait de village en village avec une boîte en bois noir qu'il portait sur son dos. Il vendait du papier à lettres. Personne ne désirait lui être agréable. Ceux qui lui achetaient du papier à lettres le faisaient uniquement parce qu'ils en avaient besoin et parce qu'il le vendait à meilleur compte que l'épicier.

Ce fut par un des jours les plus chauds de l'été que le père Balthazar, au cours de sa tournée, entra chez Mlle Lerondeau pour lui offrir sa marchandise.

Mlle Lerondeau était une bonne personne qui n'avait qu'un défaut : elle était bavarde. Elle allait souvent à l'église et quelles choses ne marmottait-elle pas tout bas, dans la chapelle de chacun des saints. M. le curé Belligaud, qui pourtant était un homme indulgent, avait fini par lui dire :

— Vous les fatiguez, mademoiselle.

En entrant chez cette personne, le père Balthazar enleva son chapeau. Ce ne fut pas du tout par politesse, mais parce qu'il avait chaud. Il s'épongea la tête et le front. Mlle Lerondeau eut une curieuse révélation : le père Balthazar était chauve. Elle eût pu faire une plaisanterie : non seulement il n'avait pas de barbe sur la tête, mais encore il n'avait pas de cheveux.

N'importe! Le morceau de peau dénudé qu'on apercevait sur lui le faisait rentrer dans l'humanité. Le père Balthazar n'était pas un ours comme on eût pu le croire. Mlle Lerondeau en fut surprise et éprouva le besoin de lui parler comme elle le faisait non seulement avec les saints, mais encore avec les hommes.

Il lui répondit. Sa barbe s'ouvrit à la hauteur de sa bouche; il en sortit des mots. Il avait bien chaud en effet, comme elle le lui disait. Il avait soixante-sept ans, étant de 42. Tiens, c'est curieux : Mlle Lerondeau était de la même année ou, comme le dit le père Balthazar, de la même classe. Ah! non, il n'en vendait pas beaucoup, du papier à lettres! Quand il avait fait quinze sous de bénéfice dans sa journée, c'était bien tout le bout du monde. Pauvre homme, c'était dur d'aller sur les routes lorsqu'il faisait chaud. Enfin Mlle Lerondeau lui acheta pour deux sous de papier à lettres et deux sous d'enveloppes.

Il continua sa tournée, passa dans chacune des maisons de la petite ville et, vers deux heures, redescendit, au moment de la grande chaleur.

Mlle Lerondeau n'y put tenir, la pitié l'emporta. Elle appela le père Balthazar :

— Ecoutez, mon ami, j'ai réfléchi. Il n'y a que les bonnes actions qui causent du plaisir à notre âge. Vous ne savez pas ce que j'ai envie de faire. Quelle est la valeur de toutes les marchandises que vous avez dans votre boîte?

Ma foi, tant de papier que d'enveloppes et de crayons, il en avait bien pour six francs.

— Tenez, dit Mlle Lerondeau, voici six francs. Je vous achète le tout. Je le distribuerai aux enfants de l'école des religieuses.

Si le père Balthazar avait été à ce moment précis dans la campagne, rien ne fût arrivé. Il se fût assis simplement à l'ombre d'un arbre pour réfléchir. La joie n'éclate pas du premier coup chez les hommes d'un certain âge : ils ont besoin de se recueillir pour savoir si, comme l'on dit des bombes, ils doivent la laisser partir. Le père Balthazar se trouvait en plein milieu de la ville : le seul endroit qui fût propice à la méditation, c'était l'auberge.

Mais on n'entre pas dans une auberge sans y boire quelque chose.

Le père Balthazar se fit servir une chopine de vin rouge.

Il en éprouva une surprise! A la première gorgée

qu'il avala, il dut interpeller la femme de Monsel, l'aubergiste.

— Mais qu'est-ce que vous me donnez là ?

— C'est du vin, répondit-elle, non sans frayeur.

— Eh bien, dit le père Balthazar, je ne me rappelais plus le goût du vin. J'avais oublié que c'était si bon.

Il but sa chopine avec un tel plaisir qu'il ne pensa même pas à l'argent qu'elle allait lui coûter. Ce ne fut qu'après en avoir fini avec elle que le père Balthazar s'aperçut qu'il avait été obligé de boire, mais qu'il aurait bien pu en même temps manger. Il n'était pas trop tard d'ailleurs, puisqu'il avait encore faim. Il pensa à s'offrir une fantaisie.

— Dites donc, demanda-t-il à la femme Monsel... Dans le temps, ah ! il y a longtemps, je travaillais dans le bois avec les fendeurs. On mangeait un fromage qu'on appelait du fromage de Brie. En avez-vous entendu parler ?

Si la femme de Monsel en avait entendu parler ! Mais il y aura toujours du fromage de Brie ! Puisque c'était ainsi, le père Balthazar la pria d'aller lui en chercher pour quatre sous.

Quand le père Balthazar eut mangé son morceau de fromage, il aperçut une chose qui mérite d'être remarquée : les gens qui n'ont que du pain à se mettre sous la dent ignorent tout du plaisir que l'on peut avoir à manger. Les riches ont bien raison de soigner leur nourriture. Et puis, arrive ce qui voudra, le père Balthazar n'était pas à son dernier sou. Ne pourrait-il s'offrir un peu de charcuterie, du jambon et du saucisson, par exemple. On ne vit qu'une fois, après tout.

Comme il avait faim! Plus il mangeait, plus il s'apercevait qu'il avait faim. Il était pris d'un appétit profond qui lui venait non seulement de l'estomac, mais de plus loin encore : des membres, du dos, de la tête. Il constata une chose : c'est que ce qui lui avait manqué dans la vie, c'était d'avoir mangé. Il fit de son mieux pour rattraper le temps perdu. Le malheur, ce fut qu'il dut s'interrompre parce qu'il commençait à être fatigué.

Mais manger à sa faim pour un homme, c'est déjà prendre une habitude dangereuse. Celui qui a satisfait l'un de ses désirs éprouve bientôt le besoin de contenter les autres. Lorsque le père Balthazar fut dans la campagne, ayant terminé son repas, lorsqu'il dut marcher sous un soleil trop chaud, sur des routes trop longues, il lui vint à l'esprit la pensée que les gens qui n'ont pas besoin de marcher et qui s'asseoient à l'ombre connaissent, après celui qui consiste à manger, le plus enviable des plaisirs. Il avait cédé une première fois à la tentation de mener une vie facile : il succomba encore. Il s'étendit sous un chêne, et là, sans rien faire, resta jusqu'au soir.

Ce ne fut que le commencement. Voici ce qui arriva au père Balthazar : le lendemain et le surlendemain, il ne put s'empêcher de manger, et lorsqu'il sortait de l'auberge, il se couchait dans les champs. Pour ce qui est de l'argent, les six francs de Mlle Lerondeau y passèrent. Pour ce qui est du temps, il ne lui restait plus un sou, lorsqu'il eut le loisir d'aller au chef-lieu s'approvisionner de marchandise.

Il fut vraiment en colère. Cette vieille fille n'avait pas hésité : elle avait rencontré un pauvre homme et sans se demander si elle ne lui retirait pas le pain de la bouche, elle lui avait confisqué, et pour quel usage, mon Dieu ! les malheureux objets qu'il vendait pour vivre. Sous le prétexte qu'elle lui avait donné six francs, elle l'abandonnait sur le pavé. Les pauvres seraient trop bêtes s'ils se laissaient faire par les riches.

Il alla chez Mlle Lerondeau et rondement. Elle eut beau se débattre, il ne voulut admettre aucune raison. Pour ce que l'argent lui coûtait, à elle ! Il le lui dit :

— Je sais beaucoup comment vous l'avez gagné. Ou plutôt, je sais bien comment les femmes le gagnent.

Brave demoiselle Lerondeau ! Elle qui avait eu cet argent de sa famille. Elle était assez à plaindre déjà parce qu'elle n'en possédait pas beaucoup. Elle ne s'était pas mariée parce qu'au temps de sa jeunesse, on était sous l'Empire, et à cette époque, les hommes demandaient aux femmes de leur apporter une fortune.

Elle eut peur du reste, et rendit au père Balthazar son papier à lettres, ses enveloppes et tous ses crayons. Les gens ont bien raison de se méfier des hommes qui ont tant de poils qu'on ne leur voit pas la figure. Et il est véritable aussi que les personnes qui ont la barbe rouge ne valent pas cher.

LA DÉFAITE DU DIABLE

Saint Pierre était furieux. Il disait à son compagnon :

— Parbleu ! avec vous, c'est toujours la même chose. Vous n'êtes resté que trente-trois ans sur la terre, et bien entendu, quand vous êtes mort, vous n'en aviez pas votre compte. Si vous aviez vécu quatre-vingts ans comme moi, vous ne demanderiez qu'à rester tranquille dans votre coin du ciel.

Le fait est qu'ils avaient bien mal choisi leur temps pour voyager. Il eût été impossible de savoir s'il y avait de la lune ou s'il n'y en avait pas. Les nuages, qui l'eussent cachée si elle se fût montrée, étaient épais et si bas que saint Pierre disait encore :

— Je ne suis pourtant pas bien grand, j'ai la tête dans les nues.

Ils étaient trempés déjà, mais cela ne suffisait pas à celui qui fait tomber l'eau ; il pleuvait encore. Saint Pierre leva ses deux bras et se mit à crier :

— Mais enfin, arrêtez la pluie !

N. S. Jésus-Christ ne voulut pas admettre toutes ses observations et finit par lui dire :

— Je te prie de prendre garde à qui tu parles !

Saint Pierre continua sa route avec rage. Il était au moins dix heures quand ils arrivèrent à Champvallon. Bien entendu, tout le monde était couché. Il se posait pour eux le problème suivant : s'ils frappaient à une porte sans se nommer, on les prendrait pour des voleurs. S'ils disaient leur nom, ils pouvaient tomber sur des gens irréligieux qui seraient capables de se lever et de leur tirer des coups de fusil.

Enfin ils eurent la bonne fortune de trouver une auberge ouverte, dans laquelle on leur donna un lit. Mais cela fut pour saint Pierre une autre cause d'ennui : ils n'avaient le sou ni l'un ni l'autre. Comment feraient-ils le lendemain matin lorsqu'on leur présenterait la note ? Saint Pierre disait :

— Vous évidemment ça vous est égal. Vous êtes déjà allé en prison. Mais moi, je ne tiens pas du tout à faire connaissance avec les gendarmes.

N. S. Jésus-Christ pour le faire taire dut lui déclarer catégoriquement :

— Un mot de plus, et je te mets à la disposition de mon Père.

En effet saint Pierre avait eu tort de se faire du mauvais sang. Le lendemain matin, au lever, il le constata. N. S. Jésus-Christ, qui n'aime pas mentir, alla trouver carrément l'aubergiste et lui annonça :

— Voici : nous sommes saint Pierre et Jésus-Christ. Nous n'avons pas d'argent. Nous vous demandons une chose : c'est de nous laisser vous payer en nature. Nous sommes deux. Faites deux souhaits, ils seront exaucés.

L'aubergiste demanda quelques minutes de réflexion. Etaient-ils vraiment saint Pierre et Jésus-Christ? Enfin, s'ils n'avaient pas d'argent, ce n'était pas le garde champêtre qui leur en fournirait. Il pouvait formuler deux souhaits? Eh bien, mon Dieu, justement il y avait deux choses qui lui tenaient à cœur.

Il aurait voulu : 1° Que la personne qui s'assoirait sur une chaise qu'il indiqua ne pût pas se lever sans sa permission.

Avant de prendre son auberge, il jouait de la flûte dans les bals : 2° Il désirait, lorsqu'il jouerait un air de cet instrument, que tous les gens autour de lui se missent à danser et à se battre.

Voilà ce qu'il souhaitait.

*
* *

L'aubergiste s'appelait le père Boniface. S'il s'était montré accommodant avec les deux voyageurs, c'était évidemment parce qu'il avait une bonne nature, mais c'était aussi pour une autre raison. Il lui était arrivé cinq ans plus tôt une fâcheuse aventure : ses affaires allaient si mal que pour arriver à joindre les deux bouts, il avait dû vendre son âme au diable. Et l'échéance tombait précisément le soir de ce jour-là, à minuit. Le père Boniface espérait qu'en faisant le bien, il lui viendrait un secours du côté du Bon Dieu. Il ne croyait pas du reste à cette histoire de chaise et de flûte. Il n'en eut que plus de mérite.

Le diable est un créancier implacable. Comme minuit sonnait, la porte de l'auberge s'ouvrit, et un jeune homme élégant fit son entrée.

— Mon père me prie de vous présenter ses excuses, n'ayant pas pu venir lui-même. Je suis son envoyé.

Il avait cet air des jeunes princes qui ont reçu une parfaite éducation. Dès qu'ils ont atteint leur majorité, on leur confie des missions importantes. Il était à la fois très jeune, très bienveillant et très distingué.

Le père Boniface essaya de chicaner :

— Avez-vous sur vous un parchemin vous accréditant auprès de moi ?

Pour toute réponse, le jeune homme ouvrit la bouche toute grande. Cette bouche était une fournaise, il en sortit des langues de flamme. C'était là en effet le signe caractéristique de sa famille qui, comme nul ne l'ignore, vit dans le feu. Le père Boniface ne put que dire :

— Bien ! Laissez-moi faire un bout de toilette et je vous suis.

Le jeune homme s'assit en l'attendant. Le père Boniface lui offrit un verre de vin blanc, mais le jeune homme expliqua qu'il ne pouvait pas boire, parce que, lorsqu'il introduisait du liquide dans la fournaise ardente de son palais, ce liquide, d'un seul coup, entrait en ébullition, et il n'eût avalé que de la vapeur brûlante.

Au bout d'un instant, le père Boniface revint, ayant passé une chemise propre, vêtu de ses habits noirs, le nœud de sa cravate bien bouclé. Mais il arriva un événement singulier. Le père Boniface avait oublié, au milieu de ses ennuis, les deux visiteurs du matin. Il fut bien obligé de penser à eux. Comme le jeune homme voulait se lever, il s'aperçut qu'il était vissé sur sa chaise. Il crut d'abord avoir accroché le fond de son pantalon à un clou; il y mit la main. Il s'aperçut alors que ce n'était pas son pantalon, mais sa peau qui était collée au siège.

— Je vous attends, dit le père Boniface avec un rire singulier.

Il fallut bien que le jeune homme constatât qu'il était joué. Il essaya de gagner du temps, déclarant que, puisqu'il était assis, il n'était pas mal pour attendre. Le père Boniface lui annonça qu'il ne demandait qu'à le garder. Il le montrerait aux clients. Ça ferait faire des affaires à l'auberge. L'instant vint pourtant où le jeune homme dut constater que la liberté est le plus précieux des biens, et accepter les conditions qui lui furent proposées pour la conquérir. Le père Boniface demanda une prolongation de cinq ans. Il n'écouta aucune supplication. Le jeune homme pleurait.

— Que je suis malheureux ! C'était ma première mission. Mon père ne m'en confiera plus.

— Tant pis, répondit l'autre. Je ne tiens pas du tout à vous mettre en valeur.

Ce furent pour le père Boniface cinq bonnes et

courtes années. Mais il eut beau en tirer profit, il vit leur fin. Et, cette fois-ci, ce fut Satan en personne qui rendit visite. Il lui dit, dès l'entrée :

— Toi, tu es un vieux malin. Je ne m'asseois pas. Tu vas me suivre tout de suite.

Le père Boniface eut juste le temps de lui répondre :

— En tous cas, on ne s'amuse déjà pas tant chez vous. Je vais emporter ma flûte.

Le diable crut se moquer de lui.

— C'est ça, mon vieux, fit-il. Tu feras danser mon personnel.

Et il l'entraînait à sa suite, déjà. Comme ils entrèrent en enfer, Satan, qui possède dans sa tête tout son plan, dicta au greffier :

— Inscrivez : père Boniface, four 2.617, chaudière 324!

Mais comme on s'empressait autour de lui, le père Boniface mit sa flûte à sa bouche.

— Pas si vite, mes enfants, s'écria-t-il.

Il y en eut du bruit, dans l'enfer!

Le greffier, ses lunettes d'une main, son porte-plume de l'autre, entra le premier dans la danse. Les hommes de service, les uns avec leur fourche, d'autres avec leur tisonnier ou leur pelle, ceux qui portaient de l'huile, ceux qui roulaient du charbon, tout le monde se mit en branle. S'ils n'avaient que dansé ! Le greffier avec son porte-plume sautait sur les hommes de peine. Les blessures faites avec de l'encre déterminent un mal blanc. Les fourches faisaient déjà un beau travail et avec elles, de plus, il y avait à craindre qu'elles n'arrachassent tous les yeux. Les voitures à charbon roulaient sur les pieds des travailleurs qui étaient nus parce qu'il faisait chaud. Satan essaya de l'intimidation.

— Four 1, chaudière 2 ! commanda-t-il.

Il eût voulu punir le crime de révolte qu'avait commis le père Boniface en l'installant à côté de Judas. Rien n'y fit. La flûte était plus forte que la colère du diable. Les pires catastrophes étaient à redouter. La famille de Satan, entendant les cris que poussaient les blessés, accourait pour savoir ce qui se passait. Des jeunes filles... Elles dansaient et recevaient des coups aussitôt. Satan cria :

— Ne faites pas de mal à mes filles.

L'une d'elles, malgré cela, reçut un coup de pelle sur le front. Un sang de princesse coula.

Mon Dieu ! il arriva ce qui devait arriver. Satan fut vaincu. Il accepta les conditions du père Boniface : remise complète de la dette. Il ajouta même :

— Je ne tiens pas du tout à te revoir ici !

Le père Boniface reprit la route de Champvallon.

LA DÉFAITE DU DIABLE

Saint Pierre fut bien étonné lorsqu'il apprit ces choses. Il dit à N. S. Jésus-Christ :

— Je vous fais mes excuses. Ah ! quand vous descendez sur la terre, ça n'est jamais sans motif.

LE TESTAMENT

Une voiture s'arrêta devant l'étude. M. Rondeau, le notaire, ne connaissait pas l'homme qui en descendit. C'était un homme bâti sur le modèle des propriétaires des environs : assez court, bien nourri, le teint coloré et portant avec une certaine ostentation sa bonne mine et son ventre rond. Ces gens-là entrent chez un notaire avec importance. Ils possèdent l'argent et se rendent chez celui qui l'administre sans aucune gêne, ayant quelque chose à faire chez lui. Plus tard, lorsque M. Rondeau se rappelait l'aspect de cet homme, il était surpris en pensant qu'il ressemblait à beaucoup d'autres. Il dit :

— Je viens pour un testament. Le cousin de ma femme, M. Roussel, de Saint-Vincent, est malade et voudrait faire son testament avant de mourir.

Comme il a eu des difficultés avec son notaire habituel, il ne veut pas le faire appeler et m'a prié de venir vous chercher.

M. Rondeau ne s'étonna pas plus qu'il n'était nécessaire. Oui, il avait entendu parler de M. Roussel, bien qu'il ne le connût pas personnellement. Le notaire de Saint-Vincent était pourtant un honnête homme, un homme du pays. Enfin les affaires d'argent donnent souvent lieu à des querelles et même à des procès. Chacun prend ses précautions, même avec les notaires.

Le visiteur, pour ne pas perdre de temps, emmena M. Rondeau dans sa voiture. Le cheval était une bonne bête. Il y avait cinq lieues à parcourir : il ne lui fallut pas beaucoup plus d'une heure et quart.

*
* *

La maison qu'habitait M. Roussel était située en pleine campagne. Elle se distinguait des maisons ordinaires par un toit d'ardoises et parce qu'elle possédait un premier étage. Un jardin d'agrément avec deux pins la précédait, elle était suivie d'un grand jardin potager. Elle avait cette large et blanche façade des maisons riches dans lesquelles semblent s'être fixés en même temps que les habitants des sentiments faciles et riants.

On introduisit au plus vite le notaire dans la chambre à coucher. Comment dire? M. Roussel était un homme qui était au lit. Il ne prononça pas un mot, parce que les malades ne se gênent avec personne et ne parlent que lorsqu'ils en ont envie. Il portait toute sa barbe qui était grise.

La pièce était assez grande, avec fauteuils, canapé, table, armoire, glaces. L'homme qui avait emmené le notaire s'aperçut en entrant qu'il avait oublié d'installer sur la table de l'encre et du papier. Il eut un geste d'impatience, comme on n'en a pas auprès des malades, un geste dont il ne fut possible de donner une explication qu'un peu plus tard :

— Allons, bon, il ne manquait plus que ça!

Il planta là le notaire et sortit. Mon Dieu, puisque le malade ne faisait pas attention à lui, M. Rondeau ne prêta aucune attention au malade. Il regarda la chambre. Sur la cheminée, des photographies, sur le mur des cadres avec des images. L'armoire n'était pas une armoire à glace. La fenêtre donnait sur le petit jardin d'agrément. Sur le canapé, qu'avait-on bien pu installer? Il y avait tout un gros paquet sans doute, recouvert de draps, de couvertures, d'un édredon ; des journaux même étaient étendus. Un bout pourtant dépassait. M. Rondeau s'approcha. C'était quelque chose de blanc.

Ah ! il ne put pas tout voir, mais ce qu'il aperçut lui donna à la fois l'envie de ne pas regarder et de voir davantage. Cela commença d'abord par un doigt de pied, oui, on eût dit un doigt de pied. Quand ce premier point fut bien établi, ce qui s'apercevait ensuite, il n'y avait nul doute à cet égard, était un pied. L'immobilité de cette chose était totale, on en sentait la raideur. Ce pied était nu ; en en suivant la forme on constatait sous un bout de couverture la présence d'une jambe. Il n'était pas nécessaire d'avoir une grande imagination pour reconstruire ensuite sous les journaux l'édredon, les couvertures, les draps, tout un corps humain dont la tête, placée à l'autre extrémité du canapé, était soigneusement dissimulée par tout ce que l'on peut entasser sur un objet que l'on ne veut pas laisser voir.

*
* *

La première raison que se donna M. Rondeau, ce fut que ceci ne le concernait en rien et qu'il aurait bien tort de se donner de la peine ou même de s'émouvoir. Tout au plus se dit-il :

— J'ai cinquante ans. Depuis vingt ans je suis notaire. J'avais pu constater que l'amour de l'argent conduit à tout. Je n'avais pas des hommes une excellente opinion, mais jamais je n'aurais pu imaginer qu'ils fussent capables de commettre une aussi mauvaise action.

Il avait compris tout de suite de quoi il s'agissait. M. Roussel était mort déjà quand on était venu à l'étude. On avait imaginé une sinistre comédie. Les gens qui se trouvaient à son chevet au moment de son décès n'étaient pas ses héritiers directs. Ils avaient eu cette idée qui peut donc naître dans l'esprit de certaines gens, mon Dieu ! L'un d'eux prendrait dans le lit la place du défunt. On ferait appeler un notaire qui ne connaîtrait pas celui-ci ; on lui dicterait un testament.

— En somme, ceci ne me regarde pas, essaya de se dire le notaire. J'accomplis mes fonctions. S'il m'est arrivé, en tant qu'homme, de faire une constatation, en tant que notaire je ne sais rien, je n'ai rien vu.

Il se répéta plusieurs fois ces mots, il essaya pendant un instant de les inscrire dans sa tête, de les y graver, de croire en eux et de ne pas croire à autre chose. Il fit de grands efforts, mais tout fut inutile.

Ce qui le frappait le plus, ce n'était pas même l'idée d'un vol justiciable de la Cour d'assises, pas même l'idée d'un faux qui peut mener ceux qui le commettent au bagne pendant leur vie entière. Non. C'était l'idée qu'un mort avait été arraché de son lit, posé sur un canapé comme un paquet, et qu'on avait jeté sur lui des couvertures comme si l'on eût voulu l'étouffer. Il pensait :

— Mais ils ne respectent donc pas les morts ! Ils ont donc oublié qu'ils mourront un jour et qu'ils auront besoin des larmes de ceux qui leur survivront !

Il regrettait de n'avoir pas, pour accroître son sentiment, touché le cadavre afin de constater qu'il était tout chaud.

*
* *

La scène affreuse commença. L'homme revint avec son papier, son encre, son porte-plume. M. Rondeau le regarda. Mais il était fait comme tout le monde : il avait un nez, deux yeux, une bouche, une moustache blonde Il pouvait être âgé de trente-cinq ans. Il marchait sur deux pieds.

Il ne mangeait pas les morts comme le font les hyènes.

— Mais c'est affreux ! Mais au secours ! Que quelqu'un arrive, pensait M. Rondeau.

On le laissa seul. L'homme qui était dans le lit se mit à vivre, se laissa aller à respirer. M. Rondeau lui sut gré de ne pas pousser de trop gros soupirs, de ne pas jouer à l'agonisant. Néanmoins, il avait peur, et pour un peu il eût dit :

— Je vous en supplie, ne m'effrayez pas davantage.

Il ne dit pas : C'est vous le notaire, faites vite, je vais mourir. Il faut écrire un mot effrayant : il fut gentil ! Il se borna tout d'abord à échanger avec M. Rondeau plusieurs coups d'œil. Mais est-ce que son œil, pourtant, ne contenait pas un peu de sang, du venin, du soufre et du feu ! M. Rondeau ne put savoir si l'œil de cet homme ressemblait à tous les yeux.

Il parla. Sa voix était claire... Il ne sortit pas de sa bouche une langue de serpent. Il dicta un testament. Il léguait tous ses biens à sa cousine Mme X...

Comme M. Rondeau eût voulu ne pas écrire ! Il ne sentait pas en lui assez de force pour ne pas écrire. Il se disait :

— Je suis un lâche. Je commets une mauvaise action. J'ai une femme et deux enfants. S'il leur arrive malheur dans la vie, maintenant, je n'aurai pas le droit de me plaindre, je l'aurai mérité.

Ce n'est que quelques jours plus tard qu'il put se dire : « J'aurais dû volontairement commettre une erreur. Le testament eût été annulé. Je me serais racheté. »

Il obéit au crime comme on obéit au maître. Une fois de plus l'honnête homme fut vaincu par les méchants. Sa seule pensée était celle-ci :

— J'ai peur !

Il cédait d'une façon terrible, il lui semblait que ses vertèbres cédassent aussi et qu'il allait s'effondrer comme un tas d'os et de chair sur la table au-dessus de laquelle il était penché. On eût dit qu'il se cramponnât à cette idée :

— Je ne puis pas agir autrement. Ces gens sont des malfaiteurs. Si je disais un mot, ils me tueraient.

Il se répétait :

— J'ai le poignard sous la gorge.

Il obéit. Le seul courage dont il fit preuve, ce fut, lorsqu'il en eût fini, de refuser avec force les offres de l'homme qui voulait le ramener à sa maison en voiture. Il parcourut avec rage les cinq lieues qui le séparaient de son domicile. Lorsqu'il était fatigué, il se disait :

— Marche, misérable !

Il refusa de dîner. Il se mit au lit. Il s'endormit ; il lui sembla avoir trouvé un refuge dans l'oubli du sommeil, loin d'un monde où règnent le crime, la honte et la lâcheté.

UNE PAGE D'AMOUR

Il était une heure et quart. Henri Delorme, ayant déjeuné chez ses parents, montait sans se presser, comme les gens qui se rendent au travail et qui prennent leur temps, sachant que l'ouvrage les attendra. Comme il arrivait devant la maison de M. Lhéritier, Marie, la bonne, était précisément installée à la fenêtre de la cuisine et regardait ce qui se passait dans la rue.

Elle prenait le frais. Mme Lhéritier était allée avec les enfants passer plusieurs jours dans sa famille. M. Lhéritier déjeunait chez M. Fauvart, le notaire. Elle était toute seule dans cette grande maison.

Évidemment, Henri Delorme eût préféré qu'elle eût l'œil plus vif. Elle avait deux yeux bleus d'une grande étendue et dans l'immense espace desquels on se sentait un peu perdu. Mais elle possédait deux joues rouges et d'une si jolie couleur qu'en les voyant on pensait à autre chose qu'à des joues. Il semblait que l'homme qui eût pu mordre là-dedans eût senti couler dans sa bouche un jus chaud, nourrissant, savoureux. En la voyant si fraîche, on se disait, non pas qu'on embrasse les femmes, mais qu'on les mange. C'était une forte fille, de plus, boulotte et dodue. Cela valait bien mieux. On en aurait davantage à se mettre sous la dent.

Henri Delorme sentait sa bouche s'emplir d'une claire salive. Il n'eût pas cru qu'il avait l'estomac si vaste. Il se sentait la force d'engloutir cette fille. La puissance de ses mâchoires allait de pair avec celle de ses yeux; il appréciait ardemment les qualités substantielles d'une nourriture sur laquelle il allait se jeter avec des dents d'acier. Il fixait d'une façon plus particulière le coin des lèvres qui était à la fois ferme et délicat. C'est par là qu'il allait commencer.

Il ne sut pas bien comment cela se passa. Ah! elle était seule à la cuisine. Eh bien! il entra. Il ne sentait pas son palais : il semblait que toute sa tête fût une grande bouche qu'il allait remplir.

Les femmes ne sont pas comme les hommes. Oui, certes, elle le laissa entrer, mais lorsqu'il fut auprès d'elle, il se trouva qu'elle était bien ce qu'elle était; elle l'était même mieux encore, car on l'avait à portée de la main. Mais cela, elle l'était avec un grand calme, un profond naturel, un étonnant sang-froid. Elle l'était dans sa cuisine, où elle se trouvait seule, comme elle l'eût été au milieu de la rue, parmi d'autres personnes. Elle s'occupait, du reste, à autre chose. Elle dit :

— Vous voyez, j'ai une grande cuisine.

Elle ne fit aucune allusion aux raisons qui avaient conduit Henri Delorme auprès d'elle. Il se passa quelques secondes pendant lesquelles celui-ci suspendit au-dessus de Marie, la bonne, son furieux appétit, et debout, lui ayant posé la main sur l'épaule, la considéra, l'apprécia, la goûta d'avance. Elle n'eut pas l'air de s'en apercevoir.

Elle avait une cuisine bien plus belle encore, quand elle était domestique à Moulins. Elle était placée chez M. Letondu, qui était juge au tribunal. Au lieu d'être pavée avec du carreau, la cuisine était pavée avec de la mosaïque. On aurait pu marcher nu-pieds là-dessus si on n'avait pas craint d'attraper froid. C'était une bonne maison, mais elle avait dû la quitter parce que Mme Letondu était morte. Elle était restée longtemps malade. Elle avait le boyau retourné sur l'estomac de telle façon que ce qu'elle mangeait lui tombait directement dans le ventre. Ça faisait qu'elle ne pouvait pas digérer. C'était une Espagnole.

Non, vraiment, les femmes ne nous ressemblent pas. Elles ne sont pas impatientes comme les hommes. Henri Delorme fit cette constatation. Qu'est-ce qu'elles ont donc dans le corps qui les pousse à parler? On dirait qu'elles éprouvent le besoin de se vider d'un grand nombre de mots qu'elles contiennent. Qu'importaient M. Letondu, Mme Letondu, la maladie, la mort, et toutes les cuisines que l'on peut voir! Néanmoins Marie continua.

Elle avait connu à Moulins Berthe, qui était maintenant chez M. Fauvart, le notaire. Elles étaient domestiques dans la même rue. Elles avaient une amie commune qui s'appelait Hortense et qui, celle-là, était bonne d'enfant. Hortense leur avait envoyé plusieurs fois des cartes postales illustrées, mais Marie avait fini par s'apercevoir qu'Hortense envoyait toujours à Berthe des cartes glacées, tandis qu'à elle c'étaient des cartes non glacées. Quand elle avait vu ça, elle avait cessé de répondre.

Henri Delorme accepta encore cette histoire de cartes postales. Son appétit était tel que les histoires les plus lourdes, que l'épais fumet des mots les plus massifs ne pesaient pas plus qu'un duvet et se volatilisaient en entrant dans sa tête comme des gouttes d'eau sur une plaque rougie. Il eût mordu, mâché, mangé, avalé Marie, y compris des mots latins, si elle en avait possédé dans les entrailles.

Il avait glissé une partie de sa main entre le corsage et la peau du cou de cette fille. La température de sa chair était exquise et rappelait celle de certaines viandes à point auxquelles on ne goûte que les jours de fête. Il ne faut pas attendre qu'elles soient refroidies pour les manger.

S'en rendait-elle compte? Elle dit :

— Mais je bavarde. Je vais me mettre en retard. Il faut que je pèle mes pommes de terre pour ce soir.

Elle alla jusqu'à une chaise, s'assit et commença. Il la suivit pas à pas. Après avoir glissé sa main dans le corsage de Marie par devant, Henri la glissa par derrière. Elle pela ses pommes de terre. Elle était aussi chaude de dos que de face. Mais il était inquiet. Il faisait de son mieux, avec la paume de sa main, pour la maintenir en bon état. Néanmoins, il avait envie de lui dire :

— Dépêchez-vous. Vous allez refroidir.

Les pommes de terre sentent mauvais. Elles sont presque gluantes. Les femmes qui les pèlent imprègnent leurs doigts d'une sorte de liquide âcre. On ne voudrait pas leur sentir la main. Marie, pourtant, était d'une qualité si précieuse qu'elle résista même à l'épreuve des pommes de terre. Il y avait tant de couleur, tant de jeunesse, une telle odeur de bonne santé sur sa personne qu'à l'instant où, les pommes de terre étant pelées, elle reconquérait sa liberté, Henri n'y put tenir. Il la saisit. Elle commença à dire :

— Voyons, soyez sérieux.

Elle ne disait rien autre chose. Elle avait fini de parler. Elle ne travaillait plus. L'instant était venu. Henri remarquait déjà au coin de sa lèvre un petit signe qui certainement allait avoir le goût de la framboise, lorsqu'on entendit le bruit de la porte de la rue qui s'ouvrait. Heureusement, la porte qui faisait communiquer la cuisine avec l'entrée était fermée. Si l'on peut s'exprimer ainsi, Marie cria tout bas :

— C'est monsieur qui revient!

Il n'y eut pas à hésiter. La fuite était impossible. Henri ne savait pas ce que les gens peuvent faire à quelqu'un qu'ils trouvent chez eux sans permission. Peut-être ont-ils le droit de vous tuer sans que personne ait rien à leur dire. Une seule chance de salut s'offrit à lui. Marie la lui proposa ; il dut l'accepter.

Dans la cuisine s'ouvrait un petit cabinet noir qui n'était pas beaucoup plus grand qu'un placard et dans lequel on entassait le linge sale. Il dut s'y introduire.

Y resta-t-il plusieurs jours? Il ne sut que beaucoup plus tard qu'il y était resté une heure à peine. Mais lorsque Marie vint le chercher, lui annonçant que M. Lhéritier venait de partir, il eût pu faire plusieurs choses, mais une seule l'intéressait : s'enfuir !

Il donna un coup d'œil à la bonne, au passage. Elle avait de grands yeux stupides. On eût pu les regarder longtemps et jusque dans leur profondeur sans trouver en eux aucune expression. Elle avait l'air si bête qu'on ne pensait pas à remarquer qu'elle possédait de belles joues. Elle avait de gros doigts rugueux, gonflés et semblables à certaines pommes de terre. Il n'y avait qu'une différence de forme entre elle et les vaches. Elle sentait l'étable.

L'ENFANT JALOUSE

La mère attendait le moment où les deux plus jeunes, Jean, qui avait quatorze ans, et Louise, qui en avait douze, quittaient la table pour aller à l'école. Elle disait :

— Ah ! mes enfants, ce soir, je ne dînerai pas avec vous.

Jean et Louise partaient tous les deux, sans avoir eu le temps de savoir ce qu'ils pensaient et sans pouvoir dire autre chose que :

— Bien, maman !

Mais Suzanne, l'aînée, qui avait seize ans, dressait déjà la tête et, d'un regard vif appuyant ses paroles, s'écriait :

— Où vas-tu ?

La mère sortait une fois par semaine. Autrefois, elle disait :

— Je vais chez Mme Renon.

— Pourquoi ne nous emmènes-tu pas ?

Elle ne les emmenait pas parce que, vous le savez bien, Mme Renon n'aime pas les enfants : ça lui donne la migraine.

Puis ils avaient grandi. Elle avait dû chercher une autre réponse. Elle avait trouvé celle-ci :

— Je vais au bain de vapeur.

Elle serait obligée d'y rester longtemps, d'abord parce qu'il faut longtemps pour prendre un bain, et ensuite parce que, lorsqu'on sort de l'étuve, il faut se reposer. On doit manger sur place, tant on est fatiguée.

En temps ordinaire, Suzanne eût bien voulu savoir ce que c'est qu'un bain de vapeur ; mais lorsque sa mère devait la quitter, elle ne pensait qu'à une chose : au départ de sa mère. Et celle-ci devait ajouter :

— Tu sais bien, mon petit enfant, pourquoi j'y vais ? C'est pour me faire maigrir ! Rappelle-toi donc ! La dame du boucher a dit que nous avions l'air d'être les deux sœurs. Tu voudrais donc avoir une grosse mère ! Lorsque l'envie te prendrait de passer tes deux bras autour de mon cou, tu serais obligée de crier : « Maman, je ne peux pas ! »

Tout ce que disait la mère de Suzanne était bien

dit. Les mots qui sortaient de sa bouche étaient carrés et d'aplomb. Ils se posaient là où Suzanne regardait ensuite, ils s'installaient devant ses yeux comme des créatures vivantes ; elle entretenait avec eux toute une conversation.

Mais à trois heures, lorsque la mère commençait sa toilette, Suzanne ne pouvait rester en place ; elle la suivait pas à pas : « Oh ! tu as mis un ruban rouge à ta chemise ! Oh ! tu te frises ! Oh ! tu te verses de l'eau de Cologne ! Oh ! maman, j'ai peur. Je ne veux pas que tu sois si belle ! » Ses cris faisaient penser à ceux d'un oiseau qui tourne autour de son nid, que des méchants, pendant son absence, ont détruit. La mère devait s'interrompre dans sa besogne pour appuyer sa fille sur sa poitrine.

— Tu ne te rappelles donc plus que c'est toi que j'aime le mieux ! Tu es venue la première. Tout le monde me disait : « Non, madame, ce sera une fille. » Je te sentais dans mon petit ventre. Tu remuais, tu faisais : Poum !

Suzanne en fermait les yeux ; elle en avait, comme elle disait, le cœur à la bouche, et cela durait jusqu'au moment où sa mère, déjà, sur le départ, lui adressait ses dernières recommandations.

— Tu mettras le bitfeck sur le gaz. Il y a une

belle pièce de vingt sous sur la cheminée. Tu achèteras tous les gâteaux qui vous feront envie.

Jean et Louise revenaient de l'école à quatre heures et demie. Ne sachant comment employer son temps pendant l'absence de sa mère, Suzanne aussitôt préparait le dîner. Il n'était pas six heures encore que les trois enfants se mettaient à table.

Le bifteck était toujours trop cuit, parce que Suzanne, au moment où elle le posait sur le gaz, s'apercevait qu'elle était en colère. Elle ne le surveillait pas, trop heureuse de pouvoir constater que tout allait mal quand sa mère n'était pas là. Après le bifteck, ils mangeaient du fromage, et pour avoir le plaisir d'être désobéissante, au lieu d'acheter des gâteaux pour le dessert, Suzanne avait acheté des bonbons. C'étaient des bouchées au chocolat, quoiqu'elle ne les aimât pas beaucoup. Elle ne s'en était pas tenue là, d'ailleurs, et avait acheté aussi un cigare et des cigarettes.

Jean fumait le cigare, Suzanne fumait les cigarettes. Louise, qui n'avait que onze ans et ne savait pas fumer encore, était vexée de ne pouvoir participer à une grande débauche. Elle avait le cœur calme, du côté de sa mère, se vengeant de son absence en ne faisant pas ses devoirs. Mais il fallait aussi qu'elle se vengeât de l'injure que lui faisaient son frère et sa sœur. Elle disait :

— Je le dirai à maman que vous avez fumé.

Suzanne lui répondait :

— Tu pourras lui dire aussi que nous avons bu la goutte. Jean, nous allons boire un verre de cognac, n'est-ce pas ?

Ils buvaient un verre de cognac. C'était très fort; à chaque gorgée, leur bouche leur faisait mal comme si on leur eût arraché le palais. Tant pis ! Suzanne disait :

— Puisque maman nous a laissés, il faut que nous acquérions toutes sortes de vilains défauts.

Au bout d'un instant, ils avaient mal au cœur et à la tête.

— Tant mieux, disait encore Suzanne. Nous serons malades quand maman reviendra.

Elle n'eût pas aimé vomir parce que cela fait trop mal, mais elle souhaitait que son frère vomît sous la table pour salir le parquet.

Ils restaient debout aussi longtemps qu'ils le pouvaient. Ils ne se couchaient qu'à onze heures, chacun dans leur lit. Celui de Jean était un canapé pliant situé dans la salle à manger. Louise couchait avec sa sœur dans la chambre de leur mère. Suzanne ne desservait pas la table.

A quelle heure la mère rentrait-elle? Ils ne le surent jamais : ils dormaient tous. Ce n'est que le lendemain matin, au réveil, qu'ils constataient sa présence dans le grand lit. Suzanne n'avait besoin que d'entr'ouvrir un seul œil, son cœur était déjà tout prêt; il lui sortait de la gorge un mot dont sa poitrine était pleine. Elle s'écriait :

— Maman !

Elle donnait un bond pour s'échapper de son lit. Sa mère dormait-elle encore? Elle s'en souciait peu. Elle sautait sur elle et, des deux bras, saisissant tout ce qu'elle pouvait saisir de son corps, s'en emparait. La mère était inquiète devant un tel débordement de tendresse et disait :

— Enfin, ma petite fille, si j'étais morte, il faudrait bien tout de même que tu te passes de moi.

Elle l'enlaçait, se l'appuyait sur le cœur, l'entourait de ses jambes aussi et ne desserrait son étreinte que lorsqu'elle était pénétrée de toute la chaleur du corps de sa mère. C'est ensuite seulement qu'elle pouvait suivre les idées qui sortaient de son cerveau.

Elle examinait sa mère, tout d'abord. Rien n'échappait au regard violent que, posant sur elle, elle appuyait sur chaque point de son visage. Elle lui analysait les joues, la bouche, les yeux, allait chercher les pensées jusqu'au fond de sa tête. Qu'avait-elle fait la veille ? Elle la découvrait, regardait son cou, et, soulevant sa chemise, examinait avec angoisse sa poitrine. Elle la respirait ensuite, reniflait pour mieux sentir, et découvrant soudain elle ne savait quelle odeur, se taisait anxieusement pendant une seconde, puis précipitant sa face sur l'oreiller, la cachait en criant :

— Je suis jalouse ! Je suis jalouse !

La mère ordonnait à Louise et Jean de se lever pour aller à l'école. Louise préparait le café au lait. Quand ils l'avaient mangé, ils partaient. Les deux femmes restaient en tête à tête.

Suzanne pleurait.

— Ne me touche pas, criait-elle à sa mère.

Elle lui donnait des coups de pied. Il fallait en arriver à lui dire :

— Ah ! ma petite fille, je souhaite que tu n'en viennes jamais là ! Quand on est restée veuve à trente-cinq ans, qu'on est jeune encore... Mais tu connaîtras mieux la vie quand tu seras plus grande.

L'IVROGNE

Il n'était pas du tout disposé à se laisser faire. Lorsqu'il rentra chez lui, vers dix heures, il se sentait prêt à la résistance. Et dans l'escalier, en même temps qu'il préparait ses réponses, il reconnaissait au bout de ses bras la présence de deux poings durs sous lesquels les épaules de n'importe qu'elle femme n'avaient qu'à plier. S'il buvait, c'est parce que telle était sa volonté.

Il ouvrit la porte avec sa clef, afin de montrer à cette femme qu'il pouvait très bien se passer d'elle et qu'il n'était pas nécessaire qu'elle se dérangeât pour tirer la serrure. Il entra. La lampe était allumée. Les deux petites filles dormaient dans leur lit. Elle aussi dormait. D'ordinaire, elle lui installait une assiette, un verre et une bouteille de vin sur la table. Il n'avait qu'à aller à la cuisine chercher ce qu'elle lui avait préparé pour le dîner. Ce soir-là, elle avait voulu sans doute en faire à sa tête. Le couvert n'était pas mis.

Il allait la réveiller. Il s'approcha du lit, tout prêt à crier déjà. Mais lorsqu'il eut ouvert la bouche, il ne put prononcer une seule parole.

Il ne s'attendait pas à celle-là, par exemple ! Le matin, lorsqu'il était parti pour le travail, sa femme était un peu rouge, mais elle criait tant d'ordinaire qu'il n'était pas étonnant que le sang eût fini par lui monter à la tête. Elle avait des vapeurs, racontait-elle. Ça devait être vrai tout de même puisque, comme il se penchait sur elle, afin de lui adresser de justes observations, il constatait qu'elle était morte.

Elle n'avait pas dû être bien malade, puisque les enfants étaient couchés et qu'elle avait trouvé le temps de s'occuper d'eux pendant toute la journée. Le soir, en s'installant dans son lit, elle s'était aperçue sans doute qu'elle était plus fatiguée qu'elle ne le croyait. La congestion lui était montée au cerveau sans qu'elle pût faire un geste.

Il hésita pendant un bon moment, ne sachant pas ce qu'un homme doit faire dans un cas semblable. La première pensée qui lui était venue à l'esprit avait été la suivante :

— Allons, bon ! Moi qui arrivais avec l'envie de manger !

Enfin, il se rappela avec beaucoup d'à-propos que dans la chambre des morts, pendant la nuit, on se livre à un certain cérémonial. Il était trop tard pour qu'il pût aller frapper chez les voisins, et, d'autre part, il s'était avec eux si souvent disputé qu'il ne voulait pas leur demander un seul conseil. En cherchant bien dans sa tête, en se remémorant ce qui était arrivé lorsqu'il avait perdu des membres de sa famille, il arriva à reconstituer quelques-uns des détails d'une scène de veillée funèbre.

Il plaça la tête de la morte au bon endroit, juste au milieu de l'oreiller. Ensuite, il ramena le drap sur son visage. Certes, la lampe était allumée, mais les usages veulent qu'auprès d'un cadavre ce soient des bougies qui brûlent. Il ne fut pas économe de ses pas, et l'épicerie étant fermée, lorsqu'il eût descendu ses six étages, il marcha jusqu'au bureau de tabac où il ne fut pas non plus économe de son argent et acheta un paquet entier de bougies. Il ne s'arrêta pas en route, accomplit toutes les formalités que l'on doit accomplir pour rentrer chez soi passé dix heures, sonna à la porte de sa maison, attendit que la concierge ouvrît, grimpa l'escalier dans la nuit, suivit le couloir en tâtant les murs, et lorsqu'il fut auprès de la morte, craignant de rester inférieur à son devoir, lui alluma non pas une, non pas deux, non pas trois, mais quatre bougies.

Quand les préparatifs furent achevés, il eût bien voulu, assurément, continuer à se conduire en bon époux, mais la pendule marquait dix heures et demie et il n'avait pas dîné encore. Certes, son appétit, au milieu de tous les ennuis qu'occasionne la mort d'une femme auprès de laquelle on a vécu pendant dix ans, n'était pas considérable, mais la faim finit toujours par venir prendre les gens qui n'ont pas mangé. La prudence même lui commandait donc de descendre pour aller quelque part avaler un morceau.

Afin que rien, pendant son absence, ne pût déranger la mère et les enfants, il ferma la porte à double tour.

***

Lorsque l'aînée des deux enfants s'éveilla, vers onze heures, elle fut bien surprise. Quatre bougies étaient allumées dans la chambre : une sur la table de nuit, une autre sur le buffet et deux sur la cheminée. La petite fille s'appelait Madeleine et était âgée de sept ans. Comme Madeleine fut contente de voir que c'était jour de fête et que l'on avait illuminé la maison ! Elle eût préféré pourtant qu'on lui eût demandé conseil, parce qu'elle aurait alors déclaré qu'il valait bien mieux installer les bougies dans des lampions de couleur. Les rouges sont si beaux !

Elle s'assit sur son lit et attendit d'être tout à fait éveillée pour mieux contempler le spectacle qui l'entourait. Peut-être, cette nuit, était-ce le 14 juillet qui commençait. Tant mieux ! Dans un moment, on allait entendre de la musique.

La petite Marguerite, qui n'avait que cinq ans, s'éveilla à son tour. Elle était trop jeune pour savoir ce que c'est que le 14 juillet, mais elle accepta avec une grande joie le beau spectacle que maman, sans doute, avait organisé pour leur faire plaisir, pendant qu'elles dormaient. Elle témoigna, comme on le fait à son âge, de toute l'admiration qui s'emparait d'elle en l'appelant pour l'associer à son plaisir :

— Maman !

La mère ne répondit pas tout de suite à ses enfants. Il en était toujours ainsi lorsqu'elle travaillait. Mais les deux petites éprouvaient une telle impatience qu'elles quittèrent leur lit sans plus attendre, sans en demander la permission, pour aller de plus près contempler la fête qu'on leur donnait.

Il y avait bien quatre bougies, elles étaient toutes allumées. Deux étaient posées sur la cheminée, une sur le buffet et la dernière sur la table de nuit. On voyait très clair, la flamme des bougies parfois dansait.

Maman, cette nuit-là, avait sans doute envie de jouer à cache-cache. Elle avait ramené le drap sur sa tête, mais comme son corps faisait une grosse bosse sous la couverture, les deux petites futées ne la cherchèrent pas pendant longtemps. Marguerite, qui était un diable, lui cria :

— Oh ! je te vois, tu es dans le lit !

Elles rirent très fort toutes les deux. Et pour mieux montrer à leur mère qu'elles savaient à quoi s'en tenir, elles soulevèrent le drap.

Pendant une seconde ou deux, elles crurent que leur mère jouait à un jeu plus compliqué que celui de cache-cache. Elles furent heureuses à la pensée qu'elles éprouveraient un nouveau plaisir lorsqu'elles le connaîtraient. Elles s'essayaient déjà à le comprendre. Mais bientôt, tout de même, l'impatience les gagna. Elles tapèrent un peu du pied. Puis voici que l'impatience fit place à un autre sentiment. Leur mère était devenue une sorte de bête toute blanche et qui ne remuait plus. Elle était peut-être méchante. Qui sait si l'envie n'allait pas la prendre de se dresser sur son lit et de sauter sur elles pour les manger !

Comme elles crièrent ! Elles ne savaient quelles paroles elles devaient prononcer en criant. Elles n'osaient plus dire : « Maman ! » par crainte de la bête qui remplaçait leur mère dans son lit. Les cris leur sortaient de partout. Leur nez coulait, leur bouche écumait et deux regards de sang dans leurs yeux semblaient être la blessure qui les faisait crier.

Cette fois-ci, les voisins accoururent, croyant que l'ivrogne, non content de battre sa femme, battait aussi ses enfants. Chacun pensait au commissaire de police. Les hommes n'hésitèrent pas et enfoncèrent la porte pour éviter un crime. Les femmes les suivaient. Comme ils furent surpris ! Les enfants criaient plus fort encore, croyant que toutes ces personnes venaient pour leur faire du mal aussi.

Il était deux heures du matin lorsque l'ivrogne rentra. Ma foi, sa femme était morte ; eh bien !

elle était morte, voilà tout ! Après avoir mangé, il avait bu. Il allait avoir beaucoup d'ennuis, le lendemain. En attendant, puisqu'il se trouvait dans la boutique du marchand de vins, il pouvait très bien y rester jusqu'à la fermeture.

Il eut envie de faire une forte scène parce qu'on lui avait enfoncé sa porte, d'abord, et puis parce que les voisins se mêlaient d'événements qui ne les regardaient pas. Mais il avait sommeil. Il se contenta de faire une entrée sensationnelle et jeta autour de lui des regards de colère, puis il s'assit sur une chaise, posa son coude sur la table et s'endormit tout de suite, sa tête dans le creux de son bras.

LA CONFESSION

MANUSCRIT TROUVÉ SUR UN MALADE A L'HOPITAL DE LA SALPÊTRIÈRE

Avant de lire ce récit, veuillez être assez bons d'excuser les fautes d'orthographe, car j'étais bien jeune lorsque j'ai quitté l'école, et n'avais aucun goût pour l'étude. Je ne vais pas vous faire le mémoire de ma vie, elle serait trop longue à retracer, mais le lugubre récit de mon malheur.

***

En 1899, je fis connaissance d'un jeune homme qui me proposa d'aller vivre avec lui. Etant chez mes parents, je refusai d'abord cette proposition, mais comme il insistait et me promettait de me rendre heureuse, je cédai enfin à ses instances, croyant à ses promesses menteuses. Je quittai donc mes parents pour devenir la compagne de celui qui devait faire mon malheur et le sien.

Pendant un laps de temps, la vie, quoique non sans orage, était cependant supportable. Auguste (ainsi se nommait le malheureux) rentrait pris de boisson et me faisait des scènes de jalousie épouvantables. De plus, il avait quitté son travail et voulait que je me livre à la mauvaise conduite. Depuis ce jour, que de querelles ! Je ne pouvais pas comprendre pourquoi il était jaloux, puisqu'il me faisait faire ce triste métier inavouable. Lorsqu'il n'était pas pris de boisson, la vie n'était pas sans avoir ses charmes. Mais comme on paie cher ces plaisirs passagers et si peu durables !

Un jour, après avoir reçu de lui deux coups de couteau, lasse de cette existence orageuse, je résolus de le quitter et de retourner chez mes bons parents. Je profitai donc de son absence pour prendre mes effets et, ainsi que l'enfant prodigue, me rendre près de ceux que je n'aurais jamais dû quitter.

Auguste m'écrivit plusieurs lettres qui restèrent sans réponse, et pendant deux mois je n'entendis plus parler de lui. Mais le dimanche 8 juillet 1900, je rencontrai sa sœur qui me fit des reproches de l'avoir quitté, puis elle me proposa de l'accompagner chez elle. Mais ce fut chez son frère qu'elle me conduisit.

Auguste me reçut avec de doux reproches, et pour un instant oublia que je l'avais quitté. Bientôt ses amis vinrent le rejoindre et payèrent des liqueurs qui devaient nous être funestes à tous les deux. Il commença à se griser, et après avoir passé un après-midi agréable, les menaces éclatèrent. Ce fut encore autre chose, quand je lui exprimai le désir de retourner chez mes parents. Il prit son couteau, le glissa dans sa ceinture, et me dit :

— Viens, je vais t'accompagner.

Je sortis avec lui, cherchant toujours à le calmer en lui disant :

— Si nous ne sommes plus ensemble, c'est toi qui l'as voulu. Tu as préféré écouter tes faux amis, plutôt que de rester tranquille et éviter ceux qui ne veulent que ton mal.

Enfin, pour une chose banale, il se fâcha encore et ne voulut rien savoir de mes justes reproches. Il m'invita à rentrer chez un marchand de vins, en me disant :

— Si tu n'es pas une lâche, bois de l'absinthe.

Je lui répondis :

— Si cela peut te faire plaisir, je peux encore te satisfaire.

Et j'absorbai une quantité de ce poison (que l'on nomme apéritif). En quittant le débit, il me dit :

— C'est donc bien vrai, tu es décidée à partir?

Je lui confirmai ma résolution. Alors il me donna un violent coup de poing en pleine figure. L'arme qu'il avait à sa ceinture tomba. Voyant ma bouche en sang, ne sachant ce que j'allais faire, je ramassai ce maudit couteau et lui en portai un coup dans la poitrine. Le malheureux s'affaissa, il était mort. Il a succombé sur le coup, à la suite d'une hémorragie.

Je fus arrêtée et conduite au Dépôt. Ensuite, après avoir été interrogée par M. D..., juge d'instruction, je pris la voiture cellulaire pour aller à la maison d'arrêt de Saint-Lazare, où je suis restée cinq mois comme prévenue.

J'ai comparu devant la Cour d'assises de la Seine, le..... 1900, où j'ai été condamnée à cinq ans de travaux forcés. Mais après le prononcé du jugement, les jurés ont reconnu qu'ils s'étaient trompés. Au lieu de répondre affirmativement à la question de coups et blessures ayant occasionné la mort sans intention de la donner, ils ont répondu à la question de meurtre, oubliant les circonstances atténuantes.

Mais mon défenseur, Me M..., a fait signer un recours en grâce, et j'eus un an, et les travaux cassés.

Je partis donc commencer en centrale une vie dure et triste, loin de ma famille, et le cœur brisé de remords.

Dans cette maison de souffrance, de regrets et de pénitence, ma vie fut un véritable martyre, car s'il est pénible pour une détenue de vivre en maison cellulaire, je trouve qu'il n'est pas moins pénible d'être dans un atelier sans pouvoir adresser la parole à sa compagne, sous peine de punition sévère ; d'être obligée de rester sur une chaise et ne pas se déranger qu'à l'heure fixe de l'infernale cloche.

Je fis pourtant ma peine avec courage, et lorsque les détenues de Clermont sont parties à Rennes, mes parents ont fait une demande pour que j'aille finir mon temps à Fresnes, en maison cellulaire.

La demande fut acceptée. Je suis arrivée dans cette maison où je suis restée cinq mois. Puis l'on m'a donné la loi conditionnelle et je fus libre, avec quelle joie ! Mais hélas, elle devait être de courte durée, car huit jours après, je faisais mon entrée à l'infirmerie spéciale du Dépôt.

Il est facile de comprendre que mon pauvre caractère était bien aigri, après tout ce que je venais de subir, car je ne pourrais faire un tableau des souffrances que j'ai endurées. Cela serait presque impossible. Quel cruel souvenir !

En arrivant chez mes parents, je fus reçue à bras ouverts. Les premiers jours se sont passés sans inconvénient, mais plus tard, je refusais de manger et je me contrariais pour un rien. Un jour, je partis me rendre au poste de police, demandant à ce que l'on me fasse finir ma conditionnelle, car je ne voulais pas être sous la surveillance de la police.

Que s'est-il passé depuis ? Je n'en sais rien. Ce que je sais, c'est que j'ai été malade et que je suis guérie. J'aspire au bonheur de revenir près de mes parents et de leur faire oublier la peine que je leur ai causée, en même temps que le triste passé.

Pendant ma vie privée, j'ai bien réfléchi, et aujourd'hui je comprends qu'il y a deux routes à suivre : la bonne ou la mauvaise. L'une qui, par le travail et la bonne conduite, vous procure la joie, le plaisir et la douce paix du cœur, qui n'existe que chez ceux qui font leur devoir. L'autre, qui procure de faux plaisirs méprisables, des déceptions, et le cœur est rempli de remords et regrets superflus.

En quittant cette maison, je veux réparer mes fautes passées et me réhabiliter aux yeux de toutes les personnes qui m'ont connue, en devenant une bonne petite ouvrière honnête et laborieuse, ce qui prouvera une fois de plus que s'il y a des détenues libérées qui persévèrent dans le mal, il y en a aussi qui se tournent vers le bien et connaissent la vie, car elles ont souffert et ont pu acquérir de l'expérience à leurs dépens.

MARGUERITE M...

LES VISITEURS

Ce soir-là, précisément, ils s'étaient beaucoup et longuement disputés. Ils se disputaient même encore. Le vieux, qui avait la respiration courte, aurait voulu que sa femme laissât la fenêtre ouverte pendant le dîner. La vieille, qui, pour un rien, attrapait un rhume, n'y voulut pas consentir. Cela fournit au vieillard une occasion de plus pour qu'il se répétât que pendant toute sa vie il avait dû céder à cette entêtée. Il se mit à respirer très fort, il se donna même beaucoup de mal pour faire un grand bruit. Mais elle fit semblant de ne rien entendre.

Ils en étaient là et avaient à peine avalé deux cuillerées de soupe, lorsque la porte de la salle à manger, doucement, fut ouverte. Le vieux allait se mettre à dire :

— Tu n'es donc même pas capable de fermer tes portes.

Il n'en eut pas le temps. Deux hommes entraient. Le premier sentiment qu'éprouva le vieux fut féroce. Il triomphait! Il lança vers sa femme un coup d'œil qui voulait dire :

— Si tu avais laissé la fenêtre ouverte comme je le désirais, nous pourrions maintenant crier : Au secours!

Ensuite, il se rappela parfaitement avoir rencontré à la dernière foire les deux hommes qui étaient en face de lui. Le grand portait toute sa barbe, le petit n'avait qu'un œil. Ils étaient comme aujourd'hui vêtus d'une longue blouse bleue à boutons blancs. Il remarqua même qu'ils avaient l'un et l'autre un air dur, et il se souvint que, sur le moment, il avait fait des réflexions au sujet du métier qu'il leur attribuait : celui de conducteur de bestiaux.

Un voleur fait toujours dans une maison une entrée un peu embarrassée. Mais avec ceux-ci, ce fut bien pire encore. Il y eut un moment où l'on sentit leur hésitation, un moment où l'on aurait pu être en droit de se demander s'ils n'allaient pas faire demi-tour, ouvrir la porte et, pour ne pas attirer l'attention, s'enfuir sur la pointe des pieds. Mais l'un d'eux, celui qui était borgne, ne put s'empêcher de s'écrier :

— On nous avait dit que vous étiez absents!

Le vieux fut sur le point de se conduire avec eux comme on se conduit dans les circonstances ordinaires de la vie avec les personnes qui entrent chez vous. Il faillit leur demander :

— Quelle est la raison de votre visite, messieurs?

Ils furent sur le point de l'imiter et de tenter une justification de leur présence. Ils pensaient déjà : « Peut-être pourrions-nous dire qu'ayant entendu vanter l'installation de cette maison, nous étions venus, pendant l'absence de ses habitants, pour ne déranger personne, lui donner un coup d'œil avec l'intention de la louer. »

Mais le grand, celui qui portait toute sa barbe, au moment où il allait se mettre à parler, se ravisa. Il trouva quelque chose qui valait mieux que les paroles. De la main gauche, avec hardiesse, il saisit le vieillard à la gorge, et, de la main droite, il lui appliqua sur la tête une série de coups de poing.

Le second des voleurs, celui qui n'avait qu'un œil, tira immédiatement profit de l'action de son camarade. Il se tourna vers la vieille et lui dit :

— Votre argent, madame, et il ne tue pas votre mari !

Tout se passa très bien. Le barbu lâcha le vieillard, celui-ci remua un peu son cou auquel il avait mal. Les quatre personnes furent debout. La situation, tout d'abord embarrassée, était maintenant très nette. A la question qui lui fut posée :

— Où mettez-vous votre argent?

La vieille répondit :

— En haut, dans l'armoire.

Elle fit même un pas dans la direction de l'escalier.

Mais les deux voleurs dirent :

— Nous allons monter avec vous, parce que, nous autres, nous sommes obligés d'être prudents. Quand on laisse quelqu'un aller tout seul dans une chambre, il ouvre la fenêtre et se met à crier.

Ce fut dans la chambre à coucher qu'ils entrèrent tous les quatre.

La vieille tremblait si fort qu'elle eut beaucoup de mal à trouver la clef de l'armoire dans sa poche, et, lorsqu'elle l'eut en main, il lui fut impossible de l'introduire dans la serrure. L'un des deux voleurs dut venir à son aide.

— Donnez ! dit-il.

Elle lui remit la clef, il ouvrit la porte lui-même.

Lorsque la porte de l'armoire fut ouverte, on se trouva en présence d'une pile de linge et de deux tiroirs dont l'un fermait à clef. En apercevant celui-ci, le voleur dit :

— Faut-il que je vous aide à l'ouvrir, madame?

— Non, merci, répondit-elle.

Elle l'ouvrit elle-même du premier coup. Elle eut un geste très curieux : elle sortit du tiroir un portefeuille et vivement le remit à l'un des deux hommes, tout comme s'il lui eût brûlé la main.

Les voleurs prirent le temps de regarder ce que contenait le portefeuile. Ils en sortirent d'abord trois billets de cent francs. Le barbu les tendit au borgne en disant :

— Mets ça dans ta poche.

Les autres papiers, qu'il examina, étaient des billets de prêt d'argent ou des reçus. Il les parcourut tous, puis remit chacun d'eux à sa place. Il rendit le portefeuille à la vieille.

— Nous n'avons pas besoin de ça, dit-il.

Ils eussent pu partir déjà, mais ils ne partirent pas encore. Ils accomplirent leur tâche jusqu'au bout. Ils dirent :

— Voyons, vous avez là une pile de linge.

Nous savons comment ça se passe. Rien ne nous dit qu'entre deux draps vous n'avez pas caché un magot.

Ils ne voulurent rien entendre.

— Messieurs, je vous assure qu'il n'y a rien, disait la femme.

— Sortez vos draps tout de même, répondirent-ils.

La vieille se comporta comme une vieille imbécile. Il y a la manière, lorsqu'on veut cacher quelque chose. Elle sortit ses draps un à un, et comme elle en était à l'avant-dernier, au lieu de ne faire semblant de rien, elle eut un drôle de geste. Une enveloppe apparut, dissimulée entre les deux derniers draps.

— Tiens, qu'est-ce que c'est? dirent les voleurs. Faites voir.

Elle eut la bêtise de leur mettre l'enveloppe en mains. Elle contenait mille francs. Elle eut beau dire :

— C'est de l'argent que nous avons touché hier. Je l'avais caché. Messieurs, nous en avons absolument besoin pour payer des achats que nous avons faits.

Le barbu répéta au borgne :

— Mets encore ça dans ta poche. Madame, nous

ne pouvons pas entrer dans ces considérations-là.

Ils lui firent sortir du reste tout ce que contenait l'armoire et, lorsque celle-ci fut vide, ils en examinèrent l'intérieur. Ils dirent :

— Vous nous assurez qu'il n'y a pas de tiroirs secrets?

La vieille, qui maintenant pouvait les laisser faire, répondit :

— Regardez vous-mêmes, messieurs.

Avant de partir, lorsque leur besogne fut terminée, ils donnèrent autour d'eux un coup d'œil désintéressé, un coup d'œil de gens curieux. La chambre était une belle chambre, bien soignée surtout. Le parquet était ciré, le lit était épais et entouré de rideaux à grands plis lourds. Il y avait une armoire, un buffet, une glace, des vases dorés, des chaises, un siège bizarre.

— Tiens, qu'est-ce que c'est que ça? demandèrent-ils en le désignant.

— C'est un prie-Dieu, répondit la vieille.

Ils aperçurent au-dessus de la cheminée une grande photographie représentant un homme avec une forte moustache.

— C'est votre fils, sans doute? dirent-ils au vieillard, qui jusqu'alors s'était tenu dans un coin sans prononcer une parole. Il avait sans doute mal au cou.

— Oui, et s'il avait été là, ça ne se serait pas passé de la même façon.

Il était en colère. Ils ne lui cherchèrent pas querelle.

Au moment du départ, ils dirent :

— Nous vous ferons remarquer que nous ne sommes pas trop exigeants. Nous ne vous demandons pas l'argent que vous pouvez avoir sur vous, dans vos poches.

Ils sortirent comme ils étaient entrés, par le jardin, sans doute. Ce ne fut qu'une heure plus tard que la peur prit les vieux. Sur le moment, ils se trouvèrent tout bêtes.

L'ASSASSIN

Ce fut pendant les vacances. Dans ce pensionnat que tenait le père Réveillard, ils ne restaient plus que trois. Il y avait le père Réveillard, évidemment, puis un vieux prêtre tout drôle, le père Patin, qui était le professeur de sciences, et enfin lui, Henri Leroy, qui était resté parce qu'il n'aurait pas su où aller et de plus parce qu'il fallait bien que des six domestiques il en restât au moins un pour effectuer de temps en temps un nettoyage et pour faire la cuisine aux deux pères. C'était un de ces dévoyés comme il y en a et qui sont domestiques en attendant d'être autre chose.

Voici qu'un beau matin, à sept heures moins le quart exactement, comme Henri cirait les souliers du père Réveillard, il lui vint à l'esprit une idée singulière.

Il se dit :

— Il y aurait pour quelqu'un qui serait à ma place un bon coup à faire. Le père Réveillard laisse toujours sa porte ouverte la nuit. Traverser le dortoir qui sépare ma chambre de la sienne, entrer chez lui pendant qu'il dort, le tuer, et ensuite s'emparer de l'argent qui est dans son secrétaire...

Et cette pensée, lorsque Henri l'eut conçue, fit comme si elle se couchait tout de son long dans sa tête et entraîna même avec elle toute une série de réflexions qui lui firent occuper une plus grande place encore.

— Le père Patin couche à l'étage supérieur et ne pourra rien entendre.

Ce fut alors que le jeune homme, pour bien savoir dans quel monde il vivait, pour constater immédiatement qu'il ne vivait pas dans un monde où l'on exécute de semblables projets, regarda par la fenêtre dans le parc. Il faisait beau temps, la lumière était pure, les oiseaux chantaient dans les arbres. C'était un de ces clairs jours d'été où l'on est incapable d'accomplir une mauvaise action, parce que les mauvaises actions demandent la complicité de l'ombre.

*
* *

Néanmoins, à tout hasard, et sur l'instant même, Henri prit ses précautions. Il alla immédiatement trouver le père Réveillard pour lui faire part d'un fait qui venait de prendre les proportions d'un heureux événement :

— Mon père, je viens de m'apercevoir que votre soulier se découd. Voulez-vous garder vos pantoufles pendant que je vais le raccommoder ?

Il ne savait pas très bien raccommoder les souliers. Il n'avait pas d'alène, il cassa plusieurs grosses aiguilles, il mit beaucoup de temps, il dut dépenser une grande quantité de cette patience qui est si difficile et que l'on n'obtient qu'au prix d'un effort considérable. Il économisa au père Réveillard le prix d'une réparation de chaussures.

Ensuite, il n'attendit pas une seconde de plus et commença une besogne qui, pour être menée à bien, demandait plusieurs jours de travail. Il entreprit un nettoyage général de la pension. Il lessiva, râcla, balaya, essuya. Il montait sur les tables, sur les lits, sur les chaises, grimpait aux échelles, installait des échafaudages pour atteindre le plafond des salles. Il travailla pendant trois jours. Comme il sua ! Il dépensa un grand courage. Il ne put s'arrêter que lorsque le père Réveillard lui eut dit :

— Voyons, ne te fatigue donc pas tant, mon garçon. Tu as le temps de faire ça quelques jours avant la rentrée.

Ça y était, il avait atteint son but. Le vieux prêtre lui avait adressé une bonne parole. Il lui en gardait une grande reconnaissance. Maintenant, il allait être incapable de lui faire du mal !

*
* *

Le lendemain de ce jour, Henri eut encore une meilleure idée. Il fit exactement comme s'il avait eu envie de mettre à exécution le projet qu'il avait conçu. Il attendit, le soir, que dix heures eussent sonné. Le père Réveillard devait être couché. Au risque d'être grondé, il pénétra dans sa chambre.

Le vieillard dormait ; une veilleuse était installée sur sa table de nuit. Henri sentit sa bouche comme si elle était pleine d'une eau chaude et bonne, lorsqu'il s'aperçut qu'il n'avait pas du tout envie de le tuer. Au bruit qu'il fit, le prêtre se réveilla. Le jeune homme avait préparé une phrase.

Il dit :

— Mon père, je n'arrive pas à dormir. Je voudrais que vous me prêtiez un livre.

Le père Réveillard n'eut pas du tout l'air surpris par cette visite nocturne. Il était si bon ! Il répondit :

— Il fallait donc me le dire, mon garçon.

Quel livre lui prêta-t-il ? Henri n'entendit pas tout un petit discours que lui tint le prêtre. Il était pris en entier par une pensée :

— Tout est fini, maintenant. Si j'avais dû commettre un assassinat, ça y serait !

Il emporta le livre. Il le lut fidèlement, pour mieux obéir à son maître. C'était l'Evangile. Il se donna la peine de comprendre chaque mot, de saisir le sens de chaque parabole, et pour faire plaisir au père Réveillard, de tirer profit de sa lecture. Il alla jusqu'au sermon sur la montagne et lorsqu'il en fut au passage où il est parlé des lis et où il est dit que Salomon dans toute sa gloire n'est pas vêtu comme l'un d'eux, il dut s'arrêter. Il existait sur la terre quelque chose qui s'appelle la beauté. Des larmes de bonheur inondaient ses yeux devant une pensée si haute. Il remua longtemps dans sa tête des images relatives à la vigne, au blé, aux passereaux ; il se rappela avec délices que Jésus disait : « Faites-vous semblables à des enfants ! »

Mais qu'est-ce que l'on a donc dans l'esprit pour que les mauvaises pensées, une fois qu'elles y sont entrées, ne puissent plus trouver à en sortir ? Le lendemain de ce jour, lorsqu'il se réveilla, Henri sentit dans son corps quelque chose qui le parcourait et qui lui donnait une sorte de fièvre. Pendant la matinée, il s'acharna à se répéter :

— Je suis malade !

Pendant l'après-midi, pour se prouver à lui-même qu'il était malade, il se coucha tout habillé sur son lit. Il dormit, en effet, d'un sommeil très lourd.

***

Il ne se leva que vers six heures pour préparer le dîner. Il le servit aux deux pères, mangea lui-même, mais très peu d'ailleurs. A huit heures, il était au lit. Il s'endormit tout de suite.

Il eût pu, par la suite, faire valoir une grande excuse. A onze heures, ce fut comme si quelqu'un le réveillait et lui ordonnait de se lever. Il s'habilla. A toutes ses pensées s'en était ajoutée une autre : « Je suis domestique et gagne trente francs par mois ; dans le secrétaire du père Réveillard, il y a peut-être des milliers de francs. » Vraiment, il n'avait pas fait cette réflexion auparavant.

Sa bougie à la main, Henri descendit à la cuisine et s'empara d'un marteau. Il remonta l'escalier, traversa le dortoir tout du long, arriva dans la chambre du père Réveillard. Il prit le temps de poser sa bougie sur la table de nuit. Il était trop facile de faire le mal pour qu'on ne le fît pas. Un grand coup de marteau, bien vite, sur la tempe du vieux prêtre... Il ne put s'empêcher de s'écrier :

— Ça y est !

Il respira mieux ensuite.

Henri resta environ cinq minutes dans la chambre du père Réveillard. Pendant ce temps-là, les sentiments qu'il éprouvait étaient ridicules. Il se tenait tout droit auprès du secrétaire, il regardait le meuble et n'avait pas du tout envie de posséder l'argent qu'il contenait. Il attendit, tout d'abord, pour que cette envie eût le temps de s'emparer de lui. Il était très fatigué ; il lui sembla que pour forcer un tiroir il lui eût fallu dans le bras, dans les épaules et dans la nuque toute la force dont un géant aurait besoin pour soulever une montagne. Du reste, qu'eût-il pu faire avec de l'argent ?

Soudain, une monstrueuse idée traversa sa tête : il ne pouvait rester où il était. Un besoin étonnant le prit de s'enfuir. Il ne put attendre une seconde de plus, il se sauva.

Il courut longtemps dans le parc. Lorsqu'il arriva au mur qui le clôturait, il toucha celui-ci des deux mains et s'appuya de tout son poids, comme s'il eût été capable de l'abattre. Puis il le longea ; puis, n'en trouvant pas la fin, il renonça à le longer. Il s'arrêta ; il regarda d'abord autour, puis au-dessus de lui. Il constata une chose étonnante : les étoiles, lorsqu'il les aperçut, lui firent mal aux yeux.

Une pensée délicieuse vint pourtant à son secours. Oui, c'est bien cela ! Il fit demi-tour et regagna la maison. Qu'allait-il faire ? Il descendit à tâtons un escalier très raide. Où allait-il ? Parfois il ne le savait plus. Il alla à la cave. Il tâtait des murs. Il lui semblait que l'univers entier était un grand mur humide que l'on tâte. Mais lorsqu'il fut entré dans la cave, quel bonheur ! l'obscurité était totale. Pendant sa vie entière, il eût été capable d'habiter là. Les ténèbres recouvraient sa pensée ; il était comme une de ces bêtes de la nuit qui se cachent dans les trous et ne voudraient jamais qu'on les vît. Il se coucha, il dormit.

Le lendemain matin, lorsqu'il se réveilla, il allait beaucoup mieux. Il monta jusqu'à la chambre du père Patin qui dormait encore. Il le secoua et lui jeta à la tête ces mots :

— J'ai tué le père Réveillard !

Puis il gagna la chambre de celui-ci. Lorsque le père Patin descendit, quelques instants plus tard, il vit Henri l'assassin qui, penché sur le lit du vieillard, avait saisi sa tête entre ses bras et avec un geste de folie couvrait son visage de baisers.

TIENNE

On avait bien cru que Tienne ne passerait pas l'hiver ; il est arrivé au printemps tout de même. On atteint facilement l'été ensuite ; Tienne figure encore au nombre des vivants. Mais il est beaucoup moins sage, ou, comme on dit, beaucoup moins raisonnable que l'an dernier.

Le matin, par exemple, quand il va manger sa soupe, on a beau lui dire :

— Prends garde, elle est chaude.

Tienne ne peut pas se retenir, dès que sa nourriture est posée devant lui. Les deux premières cuillerées le brûlent toujours, et cela ne le rend pourtant pas prudent. Chaque jour, il a oublié qu'il s'était déjà brûlé la veille.

Le plus ennuyeux, c'est que, tous les matins,

Tienne doit rester seul, de huit heures à onze heures. Les conseils sont inutiles :

— Voyons, tu es là, sur ta chaise, près de la fenêtre. Qu'est-ce qu'il te faut de plus? Regarde donc la Seine, tu verras les bateaux.

Tienne ne veut pas rester dans sa chambre. Il fait toujours semblant d'y consentir, du reste; mais dès qu'il est seul, il se dresse comme il le peut en s'appuyant sur sa canne. Il utilise ensuite le dossier de sa chaise, la table, le lit qui l'empêchent de tomber. Il arrive jusqu'à la porte et parvient à l'ouvrir. Mais il ne la ferme jamais, parce que c'est trop difficile.

Tienne atteint enfin l'escalier. Il n'y a plus qu'une demi-heure de voyage pour qu'il arrive en bas, sur le quai. Ce sont les barreaux de la rampe qu'il utilise pour descendre. Il saisit l'un d'eux à pleine main, et lorsqu'il se sent bien soutenu, en se servant de ses deux jambes avec précaution, il peut tout de même descendre une marche.

Parfois, il lui arrive des aventures en route. C'est lorsque quelqu'un, montant l'escalier, s'aperçoit que Tienne l'obstrue dans toute sa largeur. Tienne voudrait bien aller vite et atteindre rapidement un palier, là où il y a suffisamment d'espace pour qu'il ne l'occupe pas tout entier;

mais la peur l'arrête et le passant doit attendre. Tout le monde est très gentil pour Tienne. On lui dit :

— Prenez votre temps.

Il est récompensé de tout le mal qu'il se donne parce qu'on lui adresse une parole.

Lorsqu'il arrive en bas, devant la loge de la concierge, il est fatigué, c'est vrai, mais il est content d'être arrivé. Il cogne à la vitre et dit :

— C'est moi.

Puis il rit, parce que c'est lui, en effet.

La concierge est aimable avec Tienne, parce qu'il a été le concierge de la maison avant elle. Elle lui apporte une chaise. Il s'asseoit devant la maison.

Le matin, tout le monde a ses affaires, personne n'a le loisir de vous parler. Tienne est tout seul avec le beau temps. Il regarde autour de lui pour voir comment le beau temps est fait. Le beau temps est beau. L'air est toujours le même, comme à l'époque où Tienne était jeune, un peu plus dur à respirer peut-être, mais enfin il y en a assez pour Tienne. La maison projette une grande ombre ; de l'autre côté du parapet du quai coule la Seine, les arbres sont là, le ciel est partout, sans intervalle, au-dessus de ce que l'on peut voir.

Tienne est heureux d'avoir pu conserver sa place au monde. Il la garde. Il voit tout ce qui existe. Il appuie ses deux mains sur sa canne, il se tient aussi droit qu'il le peut, il regarde, il regarde encore, il emploie de son mieux les deux yeux qu'il possède, et sans faire de bruit, sans souci, heureux comme l'on est à son âge, avec un petit mouvement de sa langue qui parfois dépasse, on dirait qu'il tette le beau temps.

A onze heures, il voit venir sa fille qui a fait ses ménages. Elle lui dit :

— Tu es encore descendu. C'est embêtant, parce qu'il va falloir que tu remontes.

Elle aura bientôt soixante ans. Tienne ne s'était pas marié de bonne heure, pourtant ; il avait alors trente-sept ans. Et il a eu le temps quand même de voir mourir sa femme qui était plus jeune que lui et de voir sa fille devenir bossue.

Celle-ci avait bien essayé, pendant un temps, de le faire manger dehors. Elle lui installait une petite table, mais comme la lèvre inférieure de Tienne pend un peu, une partie des aliments qu'il met dans sa bouche tombe dans son assiette. Les passants s'en apercevaient et auraient pu s'en moquer.

Alors Tienne est obligé chaque jour, à onze

heures, de gravir ses cinq étages. Il emploie pour monter le système qu'il avait déjà employé pour descendre, c'est-à-dire qu'il se cramponne aux barreaux de la rampe. Sa fille, bien des fois, a voulu le prendre sous le bras, mais Tienne se mettait en colère. Il est fier et tient à montrer à tout le monde qu'il est capable de monter un escalier par ses seuls moyens.

L'après-midi, lorsque Tienne, ayant accompli le voyage du retour, se trouve à sa place sur sa chaise, devant la maison, il est une heure, et jusqu'à sept heures il n'aura pas besoin de faire un seul geste.

Que l'après-midi est beau ! Tout le monde prête attention à Tienne. Ce coin du quai est bien paisible. Les enfants peuvent y jouer sans craindre les voitures. On y fait du crochet, on y saute à la corde, on y joue à chat perché. On s'assied sur des chaises ou bien l'on se met à courir. Ce sont les garçons qui sont les plus hardis. Il y en a toujours un qui demande à Tienne :

— C'est-y vrai que vous avez cent ans ?

La réponse de Tienne est curieuse. Il ne veut pas perdre ses avantages, mais il veut tout de même dire la vérité. Il fait :

— Oui. J'en ai quatre-vingt-dix-neuf.

Il y a, certes, des petites filles très appliquées ou très jolies auxquelles les passants adressent un coup d'œil, mais, de tous les enfants, Tienne est celui auquel on prête le plus d'attention. Certaines personnes font un détour pour le voir. On lui adresse la parole. On lui dit :

— Eh bien ! Tienne, ça va toujours ?

Tienne n'ose pas entrer en conversation avec les grandes personnes, parce qu'il a peur de ne pas savoir ce qu'il veut dire. Il fait un geste pour soulever sa casquette et leur montrer qu'il a entendu. C'est peut-être parce que sa tête est trop éloignée de sa main, mais il s'arrête toujours en route. Les gens, du reste, lui tiennent compte de sa bonne intention et comprennent parfaitement qu'il a voulu les saluer.

Tienne est le roi du quai. Sa fille est assise auprès de lui, la concierge aussi, parfois même quelques locataires de la maison. On le surveille, on l'entoure, on l'a auprès de soi ; il semble qu'on le possède. On empêche les enfants qui courent de passer trop près de lui, on prend garde à ce que personne ne puisse le bousculer.

Autrefois, il y a de cela une quinzaine d'années, lorsque Tienne n'avait pas beaucoup plus de quatre-vingts ans, on le plaisantait encore sur son âge et sur sa bonne mine. On lui disait des choses comme ceci :

— Je connais un petit jardin à Bagneux. Quel jour est-ce qu'on vous y emmène faire une promenade ?

Mais, à la fin, sa fille a manifesté sa mauvaise humeur contre les personnes qui parlaient ainsi. C'est qu'en effet, un jour, on a appris à Tienne qu'une petite fille qui habitait la maison venait de mourir d'une fluxion de poitrine. Tienne s'est mis à trembler, puis il a pleuré, puis il a appelé sa fille, puis on a pu craindre qu'il ne devienne fou. Il prononçait des paroles sans suite. Il criait :

— Oh ! pas moi, dis ! Pas moi !

Maintenant, quand quelqu'un est mort, les voisins savent qu'il ne faut pas en parler devant Tienne. On ne parle même plus des gens qui sont malades.

Il n'y en a peut-être pas un autre comme lui dans Paris. Pourvu qu'on le conserve pendant quelque temps encore ! L'autre jour, sa fille était en grande conversation avec la fruitière. Elle disait :

— Il faudrait qu'il dure jusqu'à l'année prochaine. Il aura cent ans. Ce serait malheureux d'avoir vécu si longtemps et de n'avoir pas pu y arriver.

L'ÉCOLE BUISSONNIÈRE

Nous avions onze ans. Il nous semblait qu'il y avait onze ans que cela durait, nous en avions assez d'être de bons élèves. Après le déjeuner, comme nous retournions à l'école, Gilardin me dit :

— Si on n'y allait pas ?

Je ne sais pas exactement dans quel coin de mon oreille tombèrent ces mots, mais ce fut dans un endroit qui correspondait au cœur. Comme j'étais bête de n'y pas avoir pensé plus tôt ! Un grand poids qui pesait sur ma vie disparut soudain. J'ignore de quel mal j'étais atteint auparavant, mais il me sembla que j'en étais guéri.

Nous partîmes si vite et avec un tel enthousiasme que ce ne fut que beaucoup plus tard que nous nous aperçûmes que nous aurions dû acheter un sou de cigarettes.

Nous nous rendîmes immédiatement à l'endroit où nos parents nous défendaient d'aller : c'était à la rivière. A la vérité, on n'y courait aucun danger. La rivière, pendant l'hiver, n'était ni large ni profonde, et l'été, elle était réduite à un simple filet d'eau.

Nous fîmes les choses en grand. Comme nous posions nos souliers pour nous laver les pieds, il nous vint à l'esprit qu'il vaudrait mieux se comporter vis-à-vis de la rivière comme si elle était un fleuve important, et nous nous déshabillâmes tout à fait. L'eau nous montait seulement à la cheville, mais nous profitâmes de ce que nous étions tout nus pour nous rouler dedans. Nous eussions bien voulu qu'il se produisît en cet instant une inondation. Aucun doute n'ébranlait notre confiance : nous étions certains que nous aurions su nager.

Nous en étions là, dans nos jeux, lorsque nous entendîmes un bruit de pas sur le chemin. Gilardin dit :

— Les voilà !

Je ne sus pas tout de suite de qui il voulait parler, mais je compris bien vite qu'il s'agissait d'eux, des guerriers d'une tribu sauvage, ennemie de la nôtre, et qui venaient nous attaquer.

Nous nous élançâmes bravement au-devant d'eux. Nous les aperçûmes sous la forme d'une vieille paysanne, la mère Vincent, qui, son panier sous le bras, descendait à la ville. Nous ne voulûmes pas nous avouer que ce n'était que la mère Vincent. Gilardin dit :

— C'est un espion !

Nous courûmes à elle, et, l'entourant de nos danses, de nos gestes et de nos grimaces cruelles, nous criâmes comme nous croyions que faisaient les anthropophages :

— Tabou ! Tabou ! Tabou !

La mère Vincent, certes, savait qui nous étions, mais elle ne nous reconnut pas, parce qu'elle n'avait pas l'habitude de nous voir nus. Elle se campa et nous dit :

— Vous êtes des malhonnêtes ! Si je connaissais vos parents, j'irais le leur dire tout de suite.

Nous nous sauvâmes en riant. Gilardin dit :

— Ils ont eu peur !

Quand nous fûmes lassés d'être nus, nous nous rhabillâmes. Un admirable après-midi commença. Nous ne voulions pas suivre les routes, là où marche tout le monde, nous allions à travers les prés. Le plus souvent, marcher ne nous suffisait pas, nous courions. Nous courions, dans la liberté, heureux d'avoir des membres, et nous en servant pour notre plaisir. Nous venions d'apprendre pour quelle raison nous avions été créés. Si nous nous arrêtions, c'était pour nous prouver à nous-mêmes que nous eussions pu, si nous l'avions voulu, rester immobiles.

***

Nous découvrîmes tant de choses, nous marchâmes si longtemps que nous finîmes par nous arrêter n'importe où, au hasard, dans un champ, derrière une haie. Le ciel entier était au-dessus de nos têtes, la terre sur laquelle nous nous étendions était la mère de toutes les créatures vivantes, et dans nos poitrines nos cœurs de jeunes animaux battaient sans arrêt. Que se passa-t-il alors? Nous eussions dû être heureux dans un après-midi de liberté dont nous étions les maîtres. Nous eussions dû pouvoir goûter au moins le plaisir d'être vivants dans cette nature que l'on appelle la bonne nature.

A la vérité, nous ne fûmes pas inquiets, ce ne fut pas à cause du châtiment qui nous attendait que nos sentiments soudain furent changés. Nous avions couru pendant une heure comme des animaux, parmi les choses, nous nous reposions maintenant, comme des animaux encore, qui ont trouvé le bon coin où l'on peut se reposer. Ce fut alors que nous fîmes une grande découverte. Nous n'étions pas joyeux comme nous aurions dû l'être, le liquide vivant qui coulait dans nos artères apportait à notre cœur nous ne savions quoi qui était épais et lourd. Chacun de nous avait vécu comme un jeune animal. Nous apprîmes que l'animal est triste.

Il n'y avait pas longtemps que nous avions entendu sonner deux heures. Il restait bien du temps encore en attendant qu'il fût quatre heures et que nous pussions rentrer chez nous comme des enfants qui ont passé leur après-midi à l'école. L'ennui nous prit. Il nous semblait avoir usé tout le plaisir que pouvait contenir notre corps. La pensée ordinaire qui occupait nos existences vint nous retrouver et s'en prit à nous. Gilardin me demanda :

— Quelle leçon avions-nous pour aujourd'hui ?

Nous avions une leçon de géographie. Nous n'en eûmes pas plutôt parlé, que j'eus envie de la réciter à Gilardin. Quand nous eûmes récité celle-ci, nous en récitâmes d'autres. Nous passâmes de la géographie à l'histoire. C'est ce jour-là que j'appris, de la bouche de Gilardin, à quelles dates exactes avait commencé et fini la guerre de Cent Ans. Je n'ai jamais, depuis, oublié ces dates.

Un même sentiment finit par nous faire quitter le lieu où nous étions.

— Si nous retournions à l'école?

Nous en prîmes le chemin.

Nous n'osâmes pas entrer, du reste, mais, par bonheur, le derrière de l'école donnait sur un hangar qu'on appelait le Champ de Rondeau. C'était l'été, les fenêtres étaient ouvertes. Quand nous fûmes auprès du mur, au-dessous d'elles, nous pouvions entendre tout ce qui se disait dans la classe.

Nous restâmes là, cachés comme des lépreux auxquels est interdite l'entrée de la cité, mais nous ne perdîmes pas un des bruits du lieu dans lequel, à défaut de nos corps, résidaient nos âmes. Nous en scrutions tous les bruits, nous reconnaissions des voix qui nous étaient chères et qui étaient celles d'amis dont un affreux malheur nous tenait séparés.

— C'est Bonnet qu'on interroge, disions-nous.

Que n'eussions-nous pas donné pour être à sa place! Et de tout ce qui était dit, rien ne fut perdu pour nous. L'instituteur faisait une leçon sur le règne de Louis XIV. Entre autres choses, il parla des grands écrivains, il dit :

— Il y a un moyen pour vous rappeler leurs noms. Rappelez-vous cette phrase : Racine de la bruyère boit l'eau de la fontaine Molière. La fontaine Molière est une fontaine de Paris.

Quel bonheur que nous ayons été là : ces mots n'étaient pas perdus pour nous.

A quatre heures, quand nos camarades sortirent de l'école, dissimulés derrière un mur, nous les vîmes défiler. Quelle belle journée ils avaient dû passer ! Et leur visage à tous, même celui des cancres, était éclairé par une lumière qui nous semblait celle de la science. Peut-être, pendant cet après-midi, avaient-ils appris des choses que nous ignorerions toujours. Ils seraient avant nous, maintenant, nous ne les rattraperions jamais.

CŒURS SIMPLES

Elle avait installé les deux couverts l'un en face de l'autre sur la table. Il était sept heures et demie. D'ordinaire, il ne se mettait pas trop en retard. Enfin, puisqu'il était sept heures et demie, il allait bientôt rentrer.

On sonna à la porte. C'était lui évidemment : il avait sans doute oublié sa clef. Ce ne fut que le lendemain, lorsque, réfléchissant à ce qui était arrivé, elle pensa à ce coup de sonnette, qu'elle se dit : « J'aurais dû me douter de quelque chose. Il aurait sonné d'une autre façon. On sentait que la personne qui avait tiré le cordon était un peu embarrassée. La sonnette s'y est mise à deux fois pour se faire entendre. »

Elle alla ouvrir. Tiens, ce n'était pas lui ! C'était

leur voisin, M. Epaulard. Elle se retint, par politesse, juste au moment où elle allait dire :

— Qu'est-ce que vous voulez?

Entre voisins, il est tout naturel, si l'on a besoin de quelque chose, que l'on s'adresse les uns aux autres, ou même que l'on se rende visite. Il eût été assez grossier qu'elle en parût surprise. Elle ouvrit la porte de la salle à manger pour inviter le visiteur à entrer.

Il fut très poli et dit d'abord :

— Bonjour, madame Chaput!

Ce ne fut qu'ensuite qu'il s'assit sur une chaise, et, comme il allait parler, ce fut plus fort que lui. Il n'avait pas pleuré encore, sans doute. Son coude tomba sur la table, on peut dire qu'il mit ses yeux dans sa main, et il se prit à pleurer, sangloter, devenir inquiétant.

Elle lui demanda d'abord :

— Qu'est-ce que vous avez, monsieur Epaulard?

Il ne put pas répondre. Voyant cela, comme elle était une créature très simple, elle ne chercha aucune raison pour s'expliquer cette douleur, elle eut simplement beaucoup de chagrin parce que quelqu'un pleurait devant elle. Elle ne put pas y tenir, les larmes lui sortirent des yeux, et ce ne fut qu'au bout d'un instant qu'elle pensa à dire :

— Il ne faut pas pleurer, voyons...

Il finit par lui répondre :

— Ah! madame! si vous saviez!

Et, brusquement, comme quelqu'un qui se décide à frapper un grand coup, il sortit une lettre de sa poche et la lui mit dans la main.

Elle en commença la lecture, puisqu'il semblait le désirer. C'était une lettre de sa femme, Louise Epaulard. Il y avait huit pages, de l'écriture de quelqu'un qui a l'habitude d'écrire, et sans fautes d'orthographe. Louise Epaulard rappelait d'abord à son mari que depuis les premiers temps de leur mariage, pour des raisons de goût et de caractère, ils s'étaient aperçus qu'ils ne pouvaient pas s'entendre, et cela venait de ce qu'ils n'étaient pas faits l'un pour l'autre. Jeanne Chaput s'en était toujours doutée. Louise Epaulard était une de ces femmes qui auraient voulu sortir tous les soirs, porter de la toilette et aller au théâtre. Elle racontait ensuite une histoire : elle avait trouvé un homme qu'elle aimait, il ne fallait pas lui en vouloir, elle avait bien le droit de désirer être heureuse. Ce sont des choses que l'on voit fréquemment dans la vie. Jeanne Chaput se rappela qu'elle avait connu un ménage, M. et Mme Lenain, auquel était arrivée la même chose. La femme était partie avec un architecte. Louise Epaulard terminait en disant à son mari que, pour lui aussi, cela valait peut-être mieux : ils n'auraient jamais eu de bonheur ensemble, il était jeune encore, il en prendrait son parti, il pourrait se faire une autre vie.

Jeanne Chaput comprit alors pourquoi son voisin pleurait. Elle eut beaucoup plus de peine encore, après avoir lu cette lettre. Elle tenta de consoler le pauvre homme en lui disant :

— C'est bien triste, en effet, d'en arriver là !

Elle n'osait pas lui poser de question, de crainte de le faire pleurer encore, et pour ce qu'elle eût pu lui dire, elle s'en tenait aux termes de cette lettre dans laquelle tout était expliqué. Elle allait la lui rendre, en suivant dans sa tête ses réflexions, lorsque, soudain, à un tournant de sa pensée, elle rencontra une idée monstrueuse qui l'empêcha d'aller plus loin. Elle prit le temps de se dire qu'elle avait été bête de n'y avoir pas pensé plus tôt. Mais tout était expliqué dans la lettre, elle se demandait même si le nom n'y figurait pas. Elle n'avait pas compris, elle pensait uniquement à son voisin. Il s'agissait bien de son voisin !

Elle eut tout de suite un cri :

— Ah ! mon Dieu, qu'est-ce que je vais devenir !

Il en fut ainsi, elle en eut même regret sur le moment. Ce fut comme lorsqu'on veut se marier : on se demande d'abord si le jeune homme que l'on doit épouser gagne assez d'argent pour entretenir un ménage. Ensuite, seulement, on se laisse aller à d'autres sentiments. Il se passa la même chose, en sens contraire. Elle se dit d'abord que l'homme qui la faisait vivre venait de la quitter. Comment allait-elle faire?

Mais elle ne tarda pas à dire, sur le même ton :

— Ah ! mon Dieu, moi qui étais si heureuse !

Pendant un instant, elle tenta de rester immobile, pour ne rien déranger dans sa vie, mais bientôt il lui sembla qu'elle allait tomber par terre, elle ne savait de quel côté. Comme elle hésitait encore, soudain, elle fut comme projetée en avant. Elle se précipita, au plus vite, dans la cuisine, pendant qu'il en était temps.

Elle se trouva ensuite toute vide, avec un grand mal à l'estomac. Elle respirait avec difficulté, elle ne pouvait rien dire; il y avait auprès d'elle son voisin, M. Epaulard, qui était si triste, et auprès duquel elle se tenait assise sans prononcer une seule parole. Elle trouva tout juste la force de lui dire :

— Excusez-moi, monsieur, je suis malade.

Puis elle dut se lever, parce que la vie est la vie. Lorsqu'elle était allée dans la cuisine, elle s'était aperçue, malgré elle, que son gaz n'était pas éteint. Ce soir-là, justement, elle avait fait un pot-au-feu, et elle le laissait bouillir en attendant le retour de son mari. Il était bien inutile, maintenant, de laisser brûler du gaz, et de plus, son pot-au-feu devait commencer à se dessécher.

Lorsqu'elle revint, elle demanda :

— Enfin, comment cela a-t-il pu arriver?

M. Epaulard ne pleurait plus. Il put parler.

— J'ai trouvé cette lettre ce soir, il y a une heure, en rentrant de mon bureau.

Jeanne Chaput réfléchit un peu, puis dit :

— C'est donc ça que depuis quelque temps Henri avait si mauvais caractère.

Elle ne tarda pas à se rappeler qu'elle avait rencontré une fois son mari avec Louise Epaulard, devant chez le fruitier. Elle s'était arrêtée auprès d'eux, ils avaient bavardé tous les trois. Elle n'avait pas soupçonné la vérité. M. Epaulard, lui aussi, avait une fois rencontré sa femme avec Chaput, mais c'était devant le bureau de tabac.

Ils avaient pris l'apéritif ensemble. Il ne s'était douté de rien.

Ils restèrent un bon moment là, tous les deux, devant le fait accompli. Ils n'avaient plus rien à faire ensemble, maintenant que tout était dit, mais chacun d'eux éprouvait un certain plaisir à se trouver en face d'une personne qui avait la même peine que lui. Ils parlaient pour entretenir la conversation, afin de n'avoir pas à se quitter.

M. Epaulard racontait qu'ils n'avaient pas toujours été riches dans leur ménage. Lui, il avait un emploi, il était piqueur de la Ville de Paris. Il était très mal payé, et sans espoir d'avancement. S'il n'avait pas fait des écritures en dehors, il ne savait pas comment ils auraient pu joindre les deux bouts.

Elle raconta que son mari était ouvrier électricien et pouvait gagner ses quinze francs par jour. M. Epaulard dit :

— C'est ça aussi qui a dû la tenter.

Il vint un moment, cependant, où la situation entre eux fut ridicule. Ils n'arrivaient pas à se quitter parce qu'ils sentaient bien que lorsqu'ils allaient se trouver seuls et livrés à eux-mêmes, un grand désespoir les saisirait. Jeanne pensait déjà qu'une seule solution se présentait à elle : il faudrait qu'elle retournât chez ses parents, mais qu'est-ce que ceux-ci allaient dire?

M. Epaulard enfin se décida à parler.

— Ma pauvre dame, nous ne sommes guère heureux ni l'un ni l'autre, je le vois bien.

Il se leva pour partir. Il hésitait encore. Il prit le temps de dire n'importe quoi. Il fit cette réflexion :

— C'est comme ça dans la vie. Enfin, que voulez-vous ! L'un et l'autre, nous avions confiance...

Comme il restait debout, oscillant sur ses jambes, à droite, à gauche, en avant aussi, Jeanne finit par lui dire, avec un triste sourire :

— Allons, monsieur, il faut nous quitter, parce que si quelqu'un vous voyait sortir d'ici trop tard, on croirait bien qu'entre nous aussi il y a des choses...

ENTRE AMIS

Un quart d'heure passa, pendant lequel ils se turent. Louise, la première, sortit de son silence. Elle était tout à fait en colère. Elle dit :

— Avec ta manie de vouloir toujours vous embrasser, voilà ce qui arrive. J'avais toujours pensé que ces habitudes-là nous conduiraient plus loin que nous ne le voudrions. Je ne suis pas contente du tout.

Pierre, lui aussi, était pris par le remords. Il dit :

— Je te demande pardon, ma petite Louise,

Il se rapprocha d'elle et l'embrassa, mais, cette fois-ci, comme une bonne petite amie qui a beaucoup de chagrin. Il pensait uniquement au plaisir que l'on éprouve lorsqu'on peut consoler ceux qui souffrent. Elle le connaissait bien, elle comprenait ses bonnes intentions et ne put s'empêcher de lui dire :

— Mais oui, je sais que tu es un brave ami. Mais ce que nous avons fait est si mal !

Lui aussi, il avait envie de pleurer. Elle commença une sorte de monologue :

— Moi qui étais si fière d'être l'amie d'un gentil garçon comme toi ! Nous nous tutoyions ! C'était si beau quand nous nous promenions tous les deux. Les gens qui nous rencontraient devaient se dire : « Voilà deux jolis amoureux ! » J'avais toujours envie de leur répondre : « Vous vous trompez, monsieur ou madame, c'est mon ami Pierre ; avec lui j'irais partout. » Chaque fois qu'en omnibus ou dans le métro je voyais quelqu'un qui lisait un livre, je m'apercevais tout de suite que ça n'était pas un des tiens et je pensais chaque fois : « Comme cette personne est sotte de lire ce livre-ci, alors que ceux de mon ami Pierre sont beaucoup plus beaux ! »

Pierre l'interrompit :

— Moi, ma petite Louisette, qui disais toujours en riant, quand nous rencontrions une personne de connaissance : « Avez-vous lu *Paul et Virginie?* Et bien ! Louise et moi, nous sommes comme Paul et Virginie ! » Nous étions si familiers, nous étions si heureux. Quand ton mari sortait avec nous, c'était à moi que tu donnais le bras.

Et Louise l'interrompit à son tour pour s'écrier :

— Qu'est-ce que Henri va dire, mon Dieu ! Qu'est-ce que Henri va dire ?

Pierre n'eut aucune hésitation.

— Il faut aller le prévenir tout de suite. Si tu veux m'en croire, ne restons pas comme cela.

Louise en voulait tout de même un peu à son mari.

— C'est de sa faute aussi à celui-là. Il devait s'apercevoir que nous avions trop bien dîné, et au lieu de partir tout de suite à son journal et de laisser sa femme avec un ami, attendre un peu, ou bien nous obliger à descendre en même temps que lui.

Mais elle ne tarda pas à ajouter :

— En tout cas, tu as raison. Ce qui nous est arrivé est trop grave, et puis, moi, je ne suis pas de ces femmes qui prennent l'habitude de tromper leur mari.

Elle s'habilla rapidement, un peu n'importe comment. Elle fut prête ; ils descendirent. Afin d'arriver plus vite, ils prirent une voiture. On se rend mieux compte des choses lorsqu'on est dans la rue, au milieu des passants qui vous fournissent des termes de comparaison. Louise pleurait, Pierre la consolait de son mieux. Il dut la mettre entre ses bras et l'embrasser, pour bien réchauffer son petit cœur malade. Mais cette fois-ci, il prit tout à fait garde à ne pas l'embrasser sur la bouche.

Lorsqu'ils furent à la porte du journal, alors qu'ils n'avaient pas encore payé la voiture, Louise hésita.

— J'ai bien envie de ne pas monter, dit-elle.

Et lorsqu'elle eut réfléchi, elle ajouta :

— Ma foi non, je ne monte pas. Je connais Henri, il dira que c'est de ma faute, et c'est sur moi que tout va retomber.

Elle conserva la voiture pour se faire reconduire chez elle et, avant de partir, elle passa la tête par la portière pour dire :

— Expliquez-vous bien et venez me trouver tous les deux pour me raconter ce qui s'est passé.

Pierre demanda son ami. Le garçon de bureau alla le chercher. Henri arriva bien vite, avec ce sourire qui veut dire : « Tiens, quelle bonne surprise ! » Ce fut au point que, pour ne pas le troubler, Pierre eut envie de ne rien raconter du tout.

S'il parla, ce fut uniquement parce que, au dernier moment, un sentiment supérieur du devoir ne le quitta pas. Il dit bravement, sans préambule, les yeux fermés :

— Mon vieux, tu es un imbécile ! Tu nous as laissés seuls, Louise et moi, après dîner. Je t'assure que ce qui est arrivé devait arriver. La pauvre Louise en est aussi désolée que moi.

Il y eut, si l'on peut dire, un temps d'arrêt dans l'expression de la physionomie du jeune homme. Il put enfin tenter de se ressaisir ; il y parvint et fut en état de dire :

— Ah ! c'est ennuyeux ! J'ai justement un article à faire. Je ne puis pas du tout penser à cela en ce moment.

Ils décidèrent que Henri allait retourner dans son bureau pour faire son article, et que Pierre, pendant ce temps-là, l'attendrait dans le hall. Il se passa bien une bonne heure qui, pour Pierre, eût pu être très amère, mais il eut besoin de dépenser un grand effort pour arriver à penser : « Ne pensons à rien ! »

Henri revint.

— Ça s'est très bien passé, dit-il. Un instant j'ai pu croire que je n'arriverais pas à terminer mon article.

Puis il ajouta :

— En tout cas, une chose est certaine dès maintenant : c'est qu'il faut que nous restions amis.

Ils se comportèrent aussitôt, du reste, comme deux véritables amis : ils allèrent au café, Henri était même un peu ennuyé.

— J'avais justement mal à la tête, ce soir, et je me proposais de rentrer aussitôt mon travail achevé.

Ils se mirent à boire de la bière, ils sortirent de leur poche leur pipe, ils s'essayèrent à être ce qu'ils étaient hier : deux amis paisibles qui fument, la journée terminée, pendant ces instants si doux où l'homme, débarrassé de ses soucis quotidiens, a l'impression qu'une étoile a quitté le ciel pour se poser en plein milieu de son cœur. Henri n'y parvenait pas. Certes, il y a ce coin-là dans tous les hommes. Il pensait à ce qui était arrivé.

— C'est vexant tout de même, disait-il.

Pierre ne savait comment le consoler. Henri disait encore :

— Je ne comprends pas Louise. Voilà une petite fille que j'ai prise dans sa famille, que j'ai épousée, qui n'est pas une coureuse, et qui me joue ce tour-là. Ah ! non, mon vieux, tu ne peux pas savoir combien c'est vexant lorsqu'une femme vous trompe.

Pierre répondait :

— Non, n'accuse pas Louise. Tout ce qui est arrivé est arrivé par ma faute.

La situation semblait bien embarrassée. De temps en temps, Henri disait :

— Non, ce qui m'ennuie, ce soir, c'est, comme je te l'ai dit, que je n'ai pas la tête d'aplomb. J'aurais surtout eu besoin de me coucher. Et voilà, je suis obligé de rester avec toi. Nous ne pouvons pas nous quitter comme cela.

Parfois, ensuite, il se taisait. On voyait qu'il était ennuyé. Pierre lui disait alors :

— Ça ne va pas, mon pauvre vieux ?

— Ah ! il me semble que ça se remet, répondait Henri.

Il dut boire plus qu'il ne l'aurait voulu, parce que Pierre lui disait, chaque fois qu'il lui offrait un bock :

— Que veux-tu, il faut accepter : sans ça, je ne saurais pas si tu n'es pas fâché.

Enfin, ils prirent le bon parti. Vers deux heures du matin, comme le café dans lequel ils étaient assis allait fermer, Henri dit :

— Montons à la maison, nous allons voir Louise. Elle aussi doit être ennuyée.

Louise se réveilla lorsqu'ils entrèrent. Elle dit :

— Comme vous ne veniez pas, j'ai fini par me mettre au lit, mais ce que j'ai eu du mal à m'endormir !

Pierre fut gêné devant elle, mais Henri prit la parole.

— Ma pauvre Louise, je ne veux rien te dire. Je sais très bien que ce sont des choses qui peuvent arriver, même avec les meilleurs amis. Mais vois un peu dans quelle situation tu nous mets : un vieil ami d'enfance comme Pierre, toi qui es ma femme et moi qui t'aime beaucoup. Nous avons l'air drôle, maintenant, tous les trois, les uns en face des autres.

Louise pleura. Aucun mot ne put sortir de sa bouche. Ce fut Henri encore qui parla :

— Enfin, il n'y a qu'une chose à faire. Ça nous aura appris à tous les trois à être raisonnables et à nous méfier de nous-mêmes. Pierre va descendre, il est tard, il va se coucher. Embrassez-vous comme d'ordinaire. Restons tous bons amis Mais toi, mon pauvre vieux, pendant quelque temps, il faudra que nous cessions de nous revoir.

TROIS HOMMES GUILLOTINÉS

Valence, 22 septembre.

Sous une pluie battante contre laquelle n'arrivent pas à nous protéger nos parapluies, nous attendons. La guillotine dressée, avec ses montants bien d'aplomb, son cuivre, ses aciers brillants, fait penser à quelque instrument de précision qui va servir à réaliser une expérience de physique convaincante. On l'a dressée au milieu de la chaussée, un peu à gauche de la grande porte par laquelle sortiront les condamnés. Les privilégiés qui sont auprès d'elle l'examinent, la tâtent, s'extasient sur ce fait que pour la monter, il n'est pas nécessaire de donner un seul coup de marteau.

Dans ce public particulier, on a résisté à la fièvre qui semble avoir gagné tout Valence. On sent que quelque chose de très grave va se passer ; on a le sentiment que c'est tout de même à des vies humaines que la sinistre machine, dans un instant, va s'attaquer.

Cet état d'esprit crée un résultat assez curieux. Nous nous sentons de simples hommes en face du grand drame que nous allons voir ; nous sommes pris par notre humanité même. Il semble que les classes sociales aient disparu. Je vois parler ensemble, familièrement, comme des gens du même monde, un sous-préfet et des gendarmes ; des petits fonctionnaires de la police s'entretiennent avec leurs chefs sur un pied d'égalité.

A cinq heures et demie, on introduit les représentants de la presse dans la cour de la prison. Le jour est déjà levé. Nous attendons toujours.

A six heures, un gardien ouvre enfin, si j'ose dire, les deux battants de la porte donnant sur l'avenue de Chabeuil, puis la petite porte des locaux par laquelle vont, tout à l'heure, sortir les condamnés.

Nous voyons apparaître d'abord les fonctionnaires qui ont assisté au réveil ; puis, au moment où j'imagine qu'une double haie va se former dans la cour sur le passage de Berruyer, qui doit être exécuté le premier, je suis bousculé, moi aussi, par certain gros homme rougeaud que je reconnais pour l'avoir aperçu la veille.

Je regarde. M. Deibler est déjà passé, puis un prêtre, et entre les deux aides du bourreau, dont l'un me donna un coup de coude, je reconnais Berruyer. Je ne le vois pas de face. Son dos découvert est large, puissant, massif, et rappelle exactement celui de l'*Hercule* de Puget qui est au Louvre. Cet homme doit être extrêmement vigoureux.

En face de lui, au moment où il pose le pied dans la rue, il aperçoit M. Roux, le procureur de la République de Valence. Je le sens faire un grand effort pour se diriger vers lui. D'une voix forte, il s'adresse au magistrat :

— Monsieur le procureur...

Grosse voix d'un gros homme.

J'ai l'impression très nette que le criminel est pris tout entier par l'idée de gagner du temps et qu'il veut dire : « Monsieur le procureur, j'ai d'importantes révélations à vous faire. Rentrons un instant à l'intérieur de la prison. »

D'un mouvement terrible, les deux aides l'entraînent vers la gauche. De la bouche du bandit s'échappent très bas ces mots :

— Mes enfants...

On le pousse, on abat la bascule, la tête est engagée dans la lunette. M. Deibler fait tomber le couperet. On pousse le corps dans le panier de son, et c'est alors que je vois la chose qui ne doit jamais s'oublier, le jet de sang des carotides, et pour employer le terme exact, la viande du cou coupé.

Le bourreau passe l'éponge sur la machine, en essuie le couperet, les montants, la planche à bascule. Puis il se lave les mains dans un seau d'eau; après quoi, d'un geste naturel, prenant son mouchoir dans sa poche, il s'essuie les doigts.

La veste qui couvrait les épaules de Berruyer est tombée à terre. M. Deibler la ramasse, ne sachant quel est ce vêtement. Il nous le présente, croyant sans doute que c'est l'un de nous qui a perdu son pardessus; mais aussitôt une lueur se fait dans son esprit, et avec mépris, il jette la veste un peu plus loin.

Combien de secondes s'écoulent ensuite? Cette fois-ci, nous avons fait place, une sorte de haie d'honneur s'est formée, et entre les deux aides, apparaît le plus célèbre des trois bandits : David.

Plusieurs personnes ne peuvent s'empêcher de s'écrier :

— Il a la cigarette à la bouche!

Il avance. Le voici. Il n'est pas très pâle ; mais, comme il eût dit : « Ça fait tout de même quelque chose. » Il regarde devant lui. Je vois distinctement, à la droite de sa poitrine, un petit tatouage représentant une étoile. Il parle. C'est à nous, c'est à la foule, c'est à tous ceux qui sont là qu'il s'adresse :

— Salut !

La voix est gouailleuse. Il est toujours lui-même.

— A cet été ! On boira un verre sur la glace !

Les quelques pas qu'il fait l'approchent de la machine. Il s'écrie :

— Allons-y !...

La planche, une fois encore, bascule. La cigarette n'a pas quitté les lèvres de David. Il a la tête dans la lunette. C'est à cause de sa position que nous entendons moins distinctement sa voix. Il a le temps de dire :

— Allez !

Le mouvement de ses lèvres fait tomber sa cigarette. Ce n'est qu'ensuite que le couperet s'abat.

Un jet de sang rouge qui jaillit très loin... Le cadavre est poussé dans le panier et y rejoint celui de Berruyer. Le corps continue à se vider de son sang.

Même cérémonial. M. Deibler lave sa machine, trempe ses mains dans l'eau et les essuie avec son mouchoir.

Quelques instants encore. Voici Liottard. Sa barbe est grise. Il est pâle, il porte la tête droite, il marche lentement. Cet homme me semble, à ce moment-là, posséder un grand courage. Il sait où il va, il en a conscience. Il y va, quoi qu'il ait peur. Il ne prononce pas une parole, il ne fait pas un geste inutile et me donne l'impression de marcher à la guillotine comme quelqu'un qui sait qu'il l'a mérité par ses crimes. Il marche sans faiblesse et sans forfanterie.

Quelques instants plus tard, quand tout ce sang est versé, quand nous avons contemplé le plus répugnant spectacle que des yeux humains puissent voir, quand le panier qui contient les trois bêtes abattues a été péniblement hissé dans le fourgon, nous rentrons dans la prison à la suite de M. Roux, le procureur de la République de Valence, qui doit nous donner des détails sur le réveil des condamnés.

Pendant ce temps, le fourgon transporte au cimetière son funèbre colis. Les trois bandits ont été enterrés à l'écart, au pied d'un mur, dans un jardinet qui jusque-là avait été utilisé par le gardien.

C'est par Berruyer que le procureur de la République a commencé. Le bandit dormait. Aux questions qui lui furent posées, il répondit (on se rappelle qu'il avait nié certains crimes) qu'il avait participé à plusieurs assassinats, mais qu'il ne méritait pas la mort. Il a demandé à se confesser, puis a entendu la messe.

Après Berruyer, le procureur de la République alla frapper à la porte de Liottard qui était assis sur son lit.

— Liottard, je sais que vous êtes résigné. Vous avez dit que vous feriez la pénitence.

— Je la ferai avec courage, répondit Liottard.

On a vu qu'il tint parole. Lui aussi désira recevoir les sacrements.

David joua jusqu'au bout son rôle de fanfaron. Il était en chemise, assis sur son lit. Dès l'entrée du procureur, il entonna avec vigueur l'air célèbre : *Salut, ô mon dernier matin !*

Il repoussa l'aumônier et demanda seulement à écrire à sa femme. Il fit une assez longue lettre, au bas de laquelle il dessina une pensée.

David attendit dans sa cellule que la messe fût

dite, gouaillant, chantant des chansons ordurières, s'entretenant avec les magistrats, à l'un desquels il offrit un de ces dessins fignolés qu'il faisait en prison, avec la dédicace suivante :

« Inachevé par la faute de Deibler qui est venu avant ma convocation. C'est un indélicat. »

Et le procureur de la République nous congédie en disant :

— Messieurs, j'ai vécu pendant un an auprès de ces hommes qu'on vient d'exécuter. Je les connaissais à fond. J'ai demandé contre eux l'application de la peine de mort. Je viens de les voir exécuter sans regret.

Oui, c'est entendu ! Mais, bon Dieu, quelle boucherie !

TABLE DES MATIÈRES

	Pages
LA JAMBE DE TIENNETTE	7
LE CHAT DANS LE BEURRE	17
ROMÉO ET JULIETTE	27
LES PETITS CHIENS	37
DEUX APACHES	47
LA RENCONTRE	55
LA VISITE	63
LA CHASSE AU LION	71
HISTOIRE D'ANTHROPOPHAGES	79
L'ALLUMETTE	87
L'AUMÔNE	95
LA DÉFAITE DU DIABLE	103
LE TESTAMENT	113
UNE PAGE D'AMOUR	123
L'ENFANT JALOUSE	131
L'IVROGNE	139
LA CONFESSION	147
LES VISITEURS	155
L'ASSASSIN	163
TIENNE	173
L'ÉCOLE BUISSONNIÈRE	181
CŒURS SIMPLES	189
ENTRE AMIS	197
TROIS HOMMES GUILLOTINÉS	205

ACHEVÉ D'IMPRIMER LE QUINZE AVRIL MIL NEUF CENT SEIZE, PAR L'IMPRIMERIE JULIEN CRÉMIEU, RUE PIERRE-DUPONT, SURESNES, SEINE.

nrf

CHARLES-LOUIS

PHILIPPE

CONTES

DU

MATIN

nrf

PARIS
NOUVELLE
REVUE
FRANÇAISE
1916

www.ingramcontent.com/pod-product-compliance
Ingram Content Group UK Ltd.
Pitfield, Milton Keynes, MK11 3LW, UK
UKHW021136260726
13994UKWH00001B/157

9 782329 481265